ウクライナ戦争をどうみるか

「情報リテラシー」の
視点から読み解く
ロシア・ウクライナの実態

塩原俊彦
Toshihiko Shiobara

花伝社

まえがき

情報をめぐる諸問題を論じるとき、とてもわかりやすい例がある。それは、「手を打てば魚《うお》は集まる　鳥逃げる　下女は茶を汲む　猿沢の池」という読み人知らずの歌だ。

奈良の興福寺のたもとにある猿沢の池のほとりで、ポンポンと手を打つことで、いわば情報発信すると、池にいる鯉は餌の麩でももらえるのかと寄ってくる。他方で、鳥にとってはその音が身の危険に通じるかもしれないという警報のように感じられ、池から飛び去る。その一方で、茶屋の女中は客が来たと思い、お茶を汲んで出迎えようとするだろう。

同じ「ポンポン」という情報であっても、その情報を受信する側の解釈は異なってしまうのだ。この話を「ウクライナ戦争勃発」という情報が発信された事態に移しかえてみるとどうなるだろうか。

自分の利益を中心に考えがちな人は、このウクライナ戦争勃発という情報を、自分の儲けになるかどうかという観点から眺めることになるかもしれない。自分の投資との関連で、石油価格や天然ガス価格の変動や為替市場の動向ばかりが気にかかり、そろばん勘定からこの戦争をみようとする人もいるだろう。一方、安全保障問題に関心のある人は、この情報を自分の身の危険というリスクと関連づけて考える傾向が強いかもしれない。戦争勃発という恐怖から、戦争にかかわる情報から目をそらせたり、戦争をはじめたロシアを忌み嫌ったりするようになるかもしれない。

あるいは、ウクライナ戦争勃発という情報ないしその関連情報の真偽をたしかめることなく、流されてくる情報を一方的に受け入れ、自分にとって都合よく解釈して行動する人も多いだろう。テレビが流すウクライナの子どもの悲惨な光景をみれば、そんな攻撃をしかけたロシアに怒りを覚えるのは当然かもしれない。

発信者にも気をつけて

情報は受信者の受け取り方次第で、その内容が異なる面がある。だが、それだけではない。情報発信の時点で、発信者が間違った情報や不正確な情報を流して、受信者をだまそうとしたり、発信者に好都合な反応を促したりするかもしれないのだ。

ウクライナ戦争に関連づけていうと、極悪人であるウラジーミル・プーチンロシア大統領を打倒しなければ、中国を勇気づけることになり、中国による台湾への武力侵攻を招くことにつながりかねない。ゆえに、日本政府は米国政府との同盟を強化し、軍事増強によって対応しなければならないといった主張を声高に叫ぶ絶好の機会になっている。そうすれば、軍事関連企業が潤うだけでなく、既得権益をもつ企業は中国との競争を回避して利益を増やせるかもしれない。

つまり、発信者が意図的に不正確な情報を流して、受信者をだます行為も存在する。

実は、いま現在、「意図的で不正確な情報」、すなわち「ディスインフォメーション」を流して、情報発信者がなんらかの得をするという方法が世界中に広がっている。率直にいえば、「他人をだまして得をとる」というやり方が至る所でみられるようになっている。そうであるならば、我々はこうした情報にだまされないようにするための方法をしっかりと身につけなければならない。

情報とスパイ

おそらく「情報」の重要性は紀元前五〇〇年ころにはわかっていた。このころに孫武によって書かれたとされる兵法書「孫子」のなかにある「用間篇」では、情報およびそれを盗み取る重要性が強調されている。この「用間」の「間」は間者（スパイ）を意味している。つまり、スパイの必要性に早くから気づいていたことになる。

そのなかに、「爵禄百金を愛みて敵の情を知らざる者は、不仁の至りなり」という部分がある。これは、「官位、俸給、お金といったものを惜しんで、敵の実情を知らなければ、（自国の民に対して）思いやりのないことである」という意味だ。つまり、敵の情報を知ることが自国の防衛につながることによく気づいていたことになる。

孫子は敵を欺き、だますことも重視している。軍隊の行動特性や指針を示した軍争篇で、「迂《う》を以って直《ちょく》となし、患《かん》を以って利となす」と指摘している。つまり、わざと遠回りをして敵を安心させて、敵よりも早く目的地につき、不利を有利に変えようというのである。あるいは、有名な「始めは処女の如くにして、敵人、戸を開き、後には脱兎の如くにして、敵、拒《ふせ》ぐに及ばず」という言葉が地形における戦い方を書いた九地篇にある。最初は処女のようにふるまって敵を油断させ、そこに脱兎のごとき勢いで攻めたてれば、敵は防ぎきることはできないというわけだ。

こう考えるとずいぶん昔から、少なくとも生死を賭けた戦いのような場では、敵をだますのは当たり前だったことになる。ただし、孔子は「人」と「言」が重なり合ってできている「信」を人間社会の不可欠の要素と考えていた。行動と言葉を違えないということが人間社会をスムーズに営むために重要だとみなしていたわけだ。これに対して、孫子は行動と言葉を違えることで、勝利に結びつけることを標榜する。これを「詭道《きどう》」という。敵の情報を盗みつつ、こちらの情報を歪めて間違ったイメージを敵にもたせることで、敵をだまし、勝利につなげるのだ。

ロシアの伝統、「ディスインフォメーション」

孫武は春秋時代の末期、呉と越が激しく争っていたころの人物で、斉《せい》の国の出身だ。彼はやがて呉に仕え、西の強国楚を破ることに貢献した。中国では、国レベルで「だましだまされる」という「化かし合い」が日常化していたようだが、おそらく事情はどこの国でも大同小異であったことだろう。

ヨーロッパに目を転じると、「コンスタンティヌスの寄進状」が有名だ。皇帝コンスタンティヌスが三二一年にローマ教皇シルヴェステルにローマ帝国の西半分を贈ると明記した文書である。寄進書が教皇の西欧所有の根拠となり、神聖ローマ皇帝も国王も諸侯も教皇から統治を委託されているだけの存在となる。教皇自体が支配するイタリア中南部があってもなんのふしぎもないという幻想がまかり通ることになるのだ。この場合、ローマ教皇の権威に敵対する勢力を手なずけるために虚偽の情報を活用したわけだ。これが偽物であることが判明したのはなんと一五世紀だった。

ロシア帝国の時代にも興味深い「だまし」があった。「ポチョムキン村」の話である。露土戦争の結果、クリミア・ハン国を併合したエカテリーナ二世は一七八七年にクリミア半島を訪問したのだが、この地の統治を任されていたグレゴリー・ポチョムキン将軍は統治がうまくいっていることを示すためにドニエプル川岸に家の張りぼてなどを急ごしらえして女王一行を手玉にとったという逸話がある。本当かどうかはわからないが、この話は半ば神話化して、

「実際よりもよく見せかけること」を、さらに転じて「でっち上げ」のことを、「ポチョムキン村」というようになる。

これが外部者や外国人をだます手口としてあたり前のように受け入れられて、ソ連時代にも使われた。だまされた代表的な人物には、脚本家、劇作家として有名な英国人であるバーナード・ショーがいる。飢饉が最悪期だった一九三一年にソ連を訪問しながら、「飢饉の噂は作り話である」と語ったのだ。「ポチョムキン村」にだまされたことになる。

同じようなケースは二〇〇七年にも起きた。今度はソチの空港がその現場だ。国際オリンピック委員会（ＩＯＣ）は二〇〇七年七月に二〇一四年の冬季五輪の開催地を公式にロシアのソチに決めたのだが、その前に行われたＩＯＣの視察団にソチ空港がすでに運営されているかのようにだますための「ポチョムキン村」がつくられた。レストランやキヨスクが一時的に開店されて、旅行客であるかのように学生が振る舞い、離発着を示す掲示板には存在しないフライトが示されたのである。当時、経済発展相だったゲルマン・グレフの「悪知恵」だ。ソチ開催決定後になって、この恥ずべき行為が明かされたのだった。

二〇世紀の「だまし」として有名なのは、「シオン賢者の議定書」と呼ばれる文書だろう。これは、一九〇三年にロシア語で出版された「作り話」なのだが、非ユダヤ人の道徳を堕落させ、さらに世界の経済や報道をコントロールしてユダヤ人の世界支配をもくろむ「世界征服計画書」という形式になっている。伝えられるところでは、テオドール・ヘルズルというシオニズムの創始者の個人ファイルから盗まれたものといわれている。これは、ロシアにおけるユダヤ人の大量虐殺（ポグロム）の口実になったわけだが、ナチス（国民社会主義ドイツ労働者党）に受けつがれる。ドイツの学校教育のなかで、ユダヤ人の世界征服という「陰謀」がまことしやかに教え込まれた。これによってユダヤ人への警戒心や反感が高まって新たなポグロムへとつながったわけだ。こんな事情から、ロシア帝国の時代からロシアでは「でっち上げ」に抵抗感がなかったのかという疑問がわいてくる。そしていまでは、ウクライナ戦争をめぐって数々のでっち上げが語られるようになっている。

ロシア語には、дезинформация という言葉がある。これを英語に訳せば、disinformation になる。『オックスフォード新英英辞典』によると、disinformation は「一九五〇年代にロシア語の дезинформация に基づいて形成された」と説明されている。つまり、ロシア語の訳語として disinformation という英語が生まれたわけだ（以下、ディスインフォメーションと表記することにしよう）。今度は、セルゲイ・オジェゴフの『ロシア語辞典』（一九七二年）を繙《ひもと》くと、「嘘の情報の外国への導入」と書かれている。どうやらソ連政府は意図的に一種のフェイクニュースを流して、外国を混乱させることで自国の利益をはかることの重要性によく気づいていたようなのだ。

冗談のような本当の話として、ヨシフ・スターリンは「ディスインフォメーションの語源がフランス語の désinformation であるかのようにみせかけよ」と決定し、ルーマニアの課報機関の幹部、イオン・パセパもそうした噂をたてるように命じられたという話まである。

インターネット時代の「だまし」

困ったことに、インターネット時代に突入して、「だまし」は世界中に氾濫するようになった。「意図的で不正確な情報」というディスインフォメーションを、インターネットを利用して拡散させて情報発信者が得をするように誘導することが世界中で流行っているのだ。こうした手法がロシアだけでなく、米国でも欧州でも中国でも、そして日本でも行われるようになっている。

このため、みなさんに注意を促す必要があるということになる。日本では残念ながら、このディスインフォメーション工作への関心が不足している。「偽情報」と翻訳されることが多いこのディスインフォメーションだが、そもそもディスインフォメーションという言葉さえ人口に膾炙《かいしゃ》していない。結果として、情報操作によって自分がだまされていることさえ知らない状態が蔓延しているのではないかと危惧している。

そこで本書では、ディスインフォメーションにだまされないための方法を明らかにしたいと考えている。そしてそのためにはまず、ディスインフォメーションの手口を知る必要がある。

第一章では、理論篇として、情報伝達において、どのように「だまし」なる現象が生じるのかを解説したい。さらに、日本のディスインフォメーションの現状を語ることで、至る所にしかけられつつある「地雷」に注意喚起してみたいと思う。といっても、まだ日本のディスインフォメーション工作は初期段階にすぎない。ありていにいえば、ロシアの工作に比べると三〇年以上は遅れているのではないか。その分、ディスインフォメーション対策ができておらず、だまされる人が増えつづけていると指摘しなければならない。

第二章から第四章においては、ウクライナ戦争をめぐる報道で人々がいかにだまされているかを明らかにしよう。まずは、第二章において、ウクライナ戦争のそもそもの発端となった二〇一四年春の出来事について詳しく解説する。YouTubeで簡単に観ることができる資料などを紹介しながら、ウクライナ戦争について理解を深めていきたい。

第三章では、発信される情報を疑う必要性をウクライナ側の情報を例に語りたい。情報発信者や情報仲介者は、伝える情報の中身を操作することで、自分たちに都合のいい情報だけを伝達することが簡単にできる。それによって、情報受信者をだますのだ。この現状を知らなければ、こうしただましのテクニックに対抗することはできないだろう。

第四章では、ウクライナ戦争がなぜ停戦されないまま長期化しつつあるのかについて考えてみたい。そこには、情報操作によって、多くの人々にウクライナ戦争の真相を知らせないことで戦争を長期化し、得をする人々がいる。だまされたままでは、こうした人びとをのさばらせることにつながりかねないのだ。

第五章では、だまされないための方策について論じる。残念ながら、日本の教育の不備で、いわゆる情報リテラシー（情報を適切に理解・解釈・分析し、改めて記述・表現する）に欠けている人々が多いようにみえる。

情報の発信にも受信にも「落とし穴」があることに気づく必要がある。そうしなければ、結果的に情報にだまされかねないのだ。だからこそ、このリテラシーの向上のためにどうすればいいかを語りたいと思う。

ウクライナ戦争をどうみるか――「情報リテラシー」の視点から読み解くロシア・ウクライナの実態◆目次

第二章　二〇一四年春にはじまった？　ウクライナ戦争　61

第三章　ウクライナ側の情報に頼りすぎるな　105

第四章　なぜ停戦できないのか　157

第五章　だまされないための対策　219

第一章　情報リテラシーをめぐる基本構造

1　情報伝達の基本形

私のように六〇歳を過ぎれば、自分の人生を振り返ると、だまされただけでなく、だましてきた人生であったとつくづくと想う。まず、若いころはよくだまされた。自分が過去のことや他国の事情を知らないことによって、新聞やテレビの情報にコロッとだまされてしまうのだ。

私は大学を卒業して、新聞記者になった。そのときはじめて、新聞が出鱈目なことを垂れ流していることに気づく。自分で記事を書いてみて、「事実」なるもののごく一部を切り取って新聞記事を書くことに事実からの乖離が内在していることを痛感したのである。そこで、私は、過去を知ることで、つまり、もっと勉強することで、より「真実」に迫る努力をしなければならないと心に誓った。だから私は新聞社を辞めて、大学院修士課程に入った。

すると、今度は学術書であろうと教科書であろうと、多くの本が実に不正確な情報にあふれていることを知る。教科書にも間違いがあるし、専門書のなかにも、おかしな記述がたくさんあるのだ。こうして、私は「だまされてはいけない」ことにようやく気づくのである。

他方で、年をとると、自分自身が情報発信する機会が増える。そのなかで、「悪意をもって他者をだまそうとしたことはない」はずだが、自分の無知のために多くの読者をだましてしまったのではないか、と反省する場面に多く出会うようになる。

こうして、人間はだれしも、年をとれば、だまされた経験もだました経験もあったと感じるようになるのではないか。ただ、いま思うと、だまされたという経験はいわば、時間の無駄であり、だまされなければ別の道もあったと思わないではない。「あそこの分かれ道で選び直せるなら」と述懐するよりも、だまされなければもっと別の生き方ができたはずだとつくづくと感じる。だからこそ、とくに私よりまだ若い人たちには、だまされないための方途を身につけてもらいたいと思う。

情報伝達の理論

そのためには、情報について知る必要がある。そもそも「情報とは何か」が気になるかもしれない。実は、情報の定義は難しい。

その昔、拙著『探求・インターネット社会』において、「最初に、情報という言葉そのものについてみると、「information」の原義はラテン語の「インフォルマーレ」という言葉で、「形を与える」という意味だった」と書いたことがある。ここでいう「形」は「形相」という哲学的概念であり、情報は雑多な素材にかたちを与え、秩序づけるものであり、また、そのように秩序づけられた知識ということになる。形を与えるものだからこそ、情報は分割可能な部分からなっているのであり、それをあとから組み立てればもとの情報になるという見方が背後にあったことになる。だからこそ、「0」と「1」という記号に情報を分解して伝達しやすくして、情報伝達後に再びもとの有意味な情報に組み立て直すという手法が比較的簡単に指向されやすかったといえる。

なお、informationの日本語訳として、「情報」が登場したのは一九二一年刊行の『大英和辞典』だった。ただ、一九一六年の『熟語本位英和中辞典』では、intelligenceの訳語として「情報」がすでに登場していたようだ。森鴎外が一九〇三年に出版したカール・フォン・クラウゼヴィッツの『戦論』(『戦争論』)のなかでも、ドイツ語のNachrichtの訳として「情報」が使われていた。日本語で「情」というのは、中国語からきている。この点については、すでに「まえがき」部分で紹介した。

「情報I」における情報の定義

日本では、「情報I」が高校において二〇二二年度から新たに共通必履修科目となった。高校で教科「情報」が新設されたのは二〇〇三年度である。普通教科(現共通教科)と専門教科が設定され、普通教科に「情報A」(情報活用の実践中心)、「情報B」(情報の科学的理解)、「情報C」(情報社会へ参画する態度)の三科目ができ、うち一科目を選択必修する形式だった。

その後、二〇一三年度施行の学習指導要領で、共通教科情報科は「社会と情報」、「情報の科学」に再編された。「「情報A」に相当する科目が消滅し、「情報B」を「情報の科学」に、「情報C」を「社会と情報」に発展させたような位置づけとなった」という（中野由章著「高等学校共通教科情報科の変遷と課題」）[1]。これを、二〇二二年度から施行された学習指導要領において、必修科目「情報Ⅰ」に一本化し、発展科目として「情報Ⅱ」を設けたのである。

二〇一八年七月に公表された高等学校学習指導要領解説「情報編」[2]をみても、実は情報そのものの定義はない。「情報活用の実践力」、「情報の科学的な理解」、「情報社会に参画する態度」といったものに対する定義はあるが、「情報とは何か」についての記述はない。

こんな状況で、高校生たちは情報について何を教え込まれているのだろうか。どうにも、心もとない状況にある。日本文教出版のサイト情報[3]によれば、情報とは、「人にとって意味や価値のあるもの」という。しかし、この定義はまったく時代遅れの理解に基づいたものにすぎない。日本の若者は教育の場で「嘘」を教えられているのではないか。私は、そんな危惧をいだいている。

情報移動の基本過程

わかりやすい説明をしてみよう。情報なるものは、空間的位置の変化だけでなく、時間をも超えて移動することができる。その過程は、「発信・送信・受信」に区分することができる

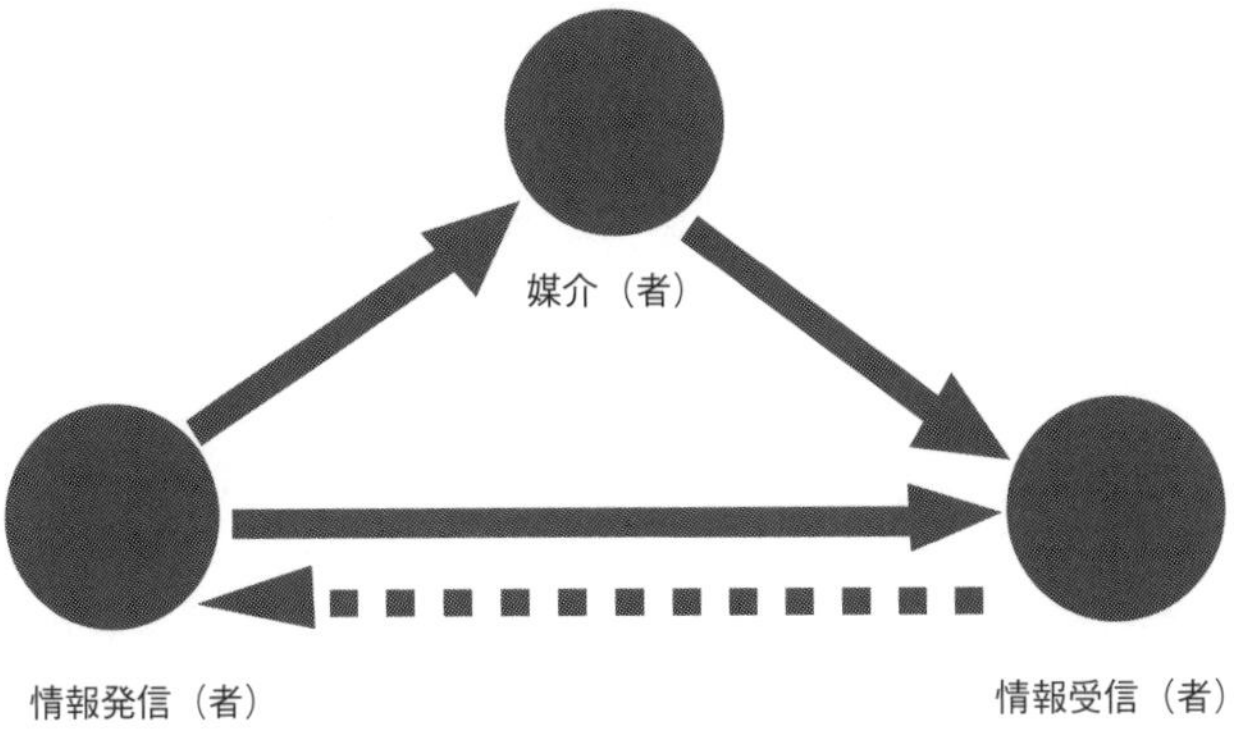

図1　情報移動の基本形

（吉田民人著『自己組織性の情報科学』一一一頁）。ここでは、送信を媒介と言い換えると、図1のような関係を示すことができる。

情報が「人」にだけかかわるのであれば、「人にとって意味や価値のあるもの」という情報は、「情報発信者―媒介者―情報受信者」の間を移動すると考えられる。しかし、この考えは古い。なぜなら自然の発する情報を人間が受け取って、対応するといった情報移動が捨象されてしまうからだ。あるいは、「自然―自然」間の情報移動も無視されてしまう。

「アフォーダンス」を知れ

野家啓一著「「情報内存在」としての人間：知識と情報のはざまで」という論文を、とくに日本の教育関係者にぜひ勧めたい。この論文のなかで指摘されているように、心理学者ジェームズ・J・ギブソンのいう「アフォーダンス」という考え方を知っていれば、情報が必ずしも人にだけ意味や価値をもたらすのではなく、人と環境との「はざま」にもあることに気づくはずなのだ。

もう少しわかりやすく説明しよう。ギブソンは、その著書 The Ecological Approach to Visual Perception（1979）のなかでつぎのようにのべている。

「物理的な現実の世界は、意味のあるもので構成されているわけではない。私が説明しようとしてきた生態学的な現実の世界は、意味のあるもので構成されている。もし私たちが知覚するものが物理学や数学の実体であったとしたら、それらに意味が課せられなければならないだろう。しかし、私たちが知覚しているものが環境科学の実体であれば、それらの意味を発見することができる。」

つまり、ギブソンは環境にかかわる生態学的な情報を、人の内部（脳）に処理されて意味を課すのではなく、人は単に外部にある意味を取り出すとみなしている。「つまり、情報は環境の中に実在するのであり、これを彼は「エコロジカル・リアリズム」と名づけている」と、野家は説明している。

ギブソンは、環境に内在する情報として、とくに、「環境の中で生物に行為を促すよう働きかける、意味と価値をもった情報」を「アフォーダンス」と名づけている。これは、「生態学的情報」とも呼ばれている。

もちろん、その意味や価値を取り出すのが人である以上、アフォーダンスが存在するといっても、それは単独であるわけではない。野家は、「アフォーダンス（生態学的情報）は環境と知覚主体とのあいだの「志向的関係」として存在するのである」と指摘している。こう考えると、情報受信者たる人間が自然や環境からアフォーダンスをかぎ取って解釈することが可能となる。つまり、情報発信は人間だけが行うものではない。これは、ごく当たり前のことだ。カラス同士が情報交換していることはその鳴き声でわかる。犬や猫もりっぱな情報発信「者」であり、情報受信「者」なのだ。情報発信も情報受信も人間たる「者」にかかわる必要はないのである。

ごく最近では、自然間の情報移動も知られるようになっている。たとえば、二〇二二年二月、「植物の地下での情報のやりとりを発見～地下茎で繋がった植物株間でのコミュニケーション～」[4]という研究結果が報告された。地下茎で繁殖するイネ科植物が、地下茎を介した情報のやりとりにより、不均一な窒素栄養環境に巧みに応答して成長する仕組みが新たに発見されたというのだ。要するに、植物でさえ情報発信もするし、情報受信もするということになる。

情報移動過程での情報の歪み

情報は、この情報移動の基本形において、さまざまに歪められる可能性がある。情報発信者が意図的に不正確な情報を流すこともあれば、媒介者が情報発信者から受け取った情報を編集して情報そのものに偏向を加えるかもしれない。情報受信者が偏った見方から、正確な情報を受け取ったにもかかわらず、情報を無視したり軽視したりするかもしれない。どうか、「まえがき」で最初に紹介した「手を打てば　魚は集まる　鳥逃げる　下女は茶を汲む　猿沢の池」という歌を思い出してもらいたい。

あるいは、情報受信者が情報発信の起点となる自然や環境からの情報を読み違え、気候変動対策が後手に回り、将来、人類は大変な危機を迎えるかもしれない。

こう考えると、だまされないようにするためには、情報移動のさまざまの場面、すなわち、「発信―媒介―受信」において注意を払わなければならないことになる。そうしなければ、情報発信者の悪意にだまされてしまうかもしれないし、媒介者の意図によって一定の見方に向かうよう操作されてしまうかもしれない。さらに、情報受信者自身が情報を理解したり解釈したり判断したりする能力に欠ければ、だまされてしまうことになるだろう。

重要なリテラシー教育

情報の移動は受信によって完結する。その意味で、受信する「者」は伝達された情報の意味を理解したり、解釈したりする必要がある。そのうえで、その情報を新たに記述したり、表現したりすることによって、さらに別の「者」に伝達できる。この活動こそ、「リテラシー」

(literacy)と呼ばれている。簡単にいえば、「読み書き能力」を意味している。

リテラシーは一九世紀末に「読み書き能力」を指す新しい語として出てきた(レイモンド・ウィリアムズ著『完訳 キーワード辞典』平凡社)。それ以前には、リテラシーは読む能力と、多くを読んで物知りである状態と、両方の意味をもっていたらしい。その名残として、literate の否定形、illiterate は通常、学がないとか教育を受けていないことを意味している。

いまでは、このリテラシーという概念は、受信時の理解・解釈・分析といった作業と、それを改めて発信する作業までを含んでいると考えられている。この二つの作業がなぜ大切かというと、情報は発信・媒介・受信の過程で歪められてしまう可能性をもっているからだ。とくに、受信する側が働きかけて情報を引き出す場合(図1の点線部分)、その結果として受け取る情報の解釈や分析は最初の働きかけ、すなわち、受信側の能力に大いに依存している。わかりやすくいえば、気候変動という事態に直面したとき、その現象を機械で計測し、その意味を解釈する努力をしてはじめて、人間は気候変動現象を科学的に分析できるようになるのだ。

このリテラシー能力を各人が身につけるには、教育が必要になる。情報移動にかかわる媒介の大きな変化(昔には、インターネットはなかった)がそれぞれの時代におけるリテラシー教育の必要性を生み出しているからだ。リテラシーについて絶えず学びつづけなければ、時代遅れになってしまう。その意味で、みなさんは時代の最先端の技術を前提とするリテラシーを身につけることを求められている。本書では説明できないが、たとえば最先端のリテラシー問題として、人間が書いたかのような文章を作成可能な人工知能（AI）言語プログラム「GPT-3」を活用したChat GPTなどへの対応が課題となっている。

2　受信者の心得：「レベル1」思考と「レベル2」思考

リテラシーの基本は、受信者である人間が情報を理解・解釈・分析するとともに、その結果に基づいて新たに記述・表現するという一連の作業にかかわっている。その意味で、情報受信者としての人間について洞察することはリテラシー向上のための「基礎中の基礎」といえるだろう。逆に、だまそうとする者からみると、受信者側の事情に精通しておく必要がある。その意味でも、受信者たる人間の思考における認知機能について知ることは無意味ではないだろう。

人間の思考について、ダニエル・カーネマン著『ファスト&スロー：あなたの意思はどのように決まるか？』（ハヤカワ・ノンフィクション文庫、上下）では、「システム1」と「システム2」という思考の違いが語られている。この区分を最初に提案したのは、リチャード・ウェストであり、その共同研究者のキース・スタノビッチも基本的に同じだ。

「システム1」の特徴

カーネマンによると、「システム1は、印象、直感、意志、感触を絶えず生み出してはシステム2に供給する。システム2がゴーサインを出せば、印象や直感は確信に変わり、衝動は意志的な行動に変わる。万事とくに問題のない場合、つまりだいたいの場合は、システム1から送られてきた材料をシステム2は無修正かわずかな修正を加えただけで受け入れる。そこで、あなたは、自分の印象はおおむね正しいと信じ、自分がいいと思うとおりに行動する」というのが大雑把な理解である。

このレベル1の段階では、いくつかの特徴がみられる。そのうちのいくつかを紹介すると、以下の六つになる。

（1）プライミング効果（priming effect）：連想活性化→「食べる」という単語を見たり聞いたりした後に、so□pという穴埋め問題が出れば、soapよりもsoupと答える人が増えてしまう。これこそ連想活性化による効果ということになる。

（2）認知容易性（cognitive ease）：慣れ親しんだものが好き→繰り返される経験、見やすい表示、機嫌がいいなどの原因は、親しみを感じる、信頼できる、楽だと感じるといった結果をもたらす。この認知容易性を悪用すれば、だましやすくなる。

（3）確証バイアス（confirmation bias）：必ず信じようとするところからはじまる→信じようとする最初の試みはシステム1の自動作動によるものであり、状況をもっともうまく説明できる解釈を組み立てようとしてしまう。

（4）ハロー効果（Halo effect）：いわゆる「光輪」「後光」効果→「ある人のすべてを、自分の目でたしかめてもいないことまで含めて好ましく思う傾向」で、最初の印象の重みが増し、あとのほうの情報はほとんど無視されてしまうこともある。

（5）自分の見たものがすべて（what you see is all there is）→連想マシンは、一貫性のある連想活性化パターンをよしとし、疑いや両義性を排除しようとする。こうして、「フレーミング効果」と呼ばれる、死亡率一〇%より生存率九〇%と書かれたほうをより好ましいと思ってしまう思考傾向に気づかない。

（6）感情ヒューリスティック（affect heuristic）：好き嫌いによって判断が決まる→好みの党派というだけで、その主張に納得してしまうといった現象につながる。

ここで「まえがき」に紹介した「手を打てば　魚は集まる　鳥逃げる　下女は茶を汲む　猿沢の池」という歌を思い出してほしい。ある情報に対して、ほとんど条件反射のように反応してしまうとき、そこで働いているのは感情ヒューリスティックであったり、確証バイアスであったりするのではないだろうか。

人間はそもそもその認知活動において、紹介したようなバイアスを受けやすい。これを知れば、情報発信側や媒介者はこうした人間の認知活動を利用して、システム1思考に甘んじている人々を簡単にだますことができることになる。ゆえに、自らのシステム1のもつ特徴を知ったうえで、よく反省し、吟味し、システム2で熟考できるようにしなければならない。そうしなければ、だまされてしまいかねないのだ。

だまされている実例

具体的にだまされている実例をあげて、どのようにだまされているかを検証してみよう。まず、ウクライナにある学校・病院へのミサイル攻撃映像を思い浮かべてほしい。この動画をみれば、ロシア軍が非人道的な暴挙に出ているとみなして、ロシア軍を嫌悪する感情がほとばしるだろう。

これは、「自分の見たものがすべて」という認知機能上の特徴のうえに、「認知容易性」や「感情ヒューリスティック」が手助けして、「ハロー効果」つきのマスメディアによって、多くの人々にロシアだけが「悪」、ウクライナは「かわいそう」という感情を強く植えつけることを可能にする。それは、思考のシステム1段階での直感のようなものがシステム2での検証を受けないままに、各人の思考結果として働くことを意味している。だが、後述するように、ウクライナ軍がロシア軍の攻撃を避けるという名目であえて軍事施設を学校や病院に移していた事実を知れば、みなさんは複雑な想いにかられることだろう。

「ロシアは悪」からの連想で、「プライミング効果」により、なおいっそう「プーチン＝極悪人」というイメージが高まるかもしれない。こうした思考に拍車をかけたのが二〇〇八年八月の「五日間戦争」をはじめたのもロシアだったという、まったく誤った報道だ（ウクライナ戦争勃発後、この虚報が日本経済新聞社の二人の編集委員によって流され、その後も訂正されていない）。

さらに、「認知容易性」により、これまでの報道によるプーチン嫌いの感情がこのプーチン嫌いを深化させることになる。より深刻なのは、NHKに代表されるテレビ放送において、こうした映像への疑問がきちんと報道されないことから、NHKのもつ「ハロー効果」もあって、何の疑いもなく映像が多くの日本人に信じられてしまうことになる。

つぎに、頻繁にテレビに登場する大学教員の解説にだまされているという懸念について説明したい。まず、「確証バイアス」によって、ともかくも「専門家」と呼ばれる人の言説を信じ込もうとし、彼らの一面的な解説を信じてしまうことになる。そこには、大学の教員という権威による「ハロー効果」も働いている。「プライミング効果」や「認知容易性」に沿った解説で、官邸・外務省にそった主張を提供することで、上からのハレーションを回避し、日本政府にとって好都合の見解を信じ込ませるのに役立つ。

そして、彼らの解説はテレビで繰り返され、彼らの誤った見方に日本全体がだまされていることに気づかない。これがいまの日本の現状なのだ。

あまりに多い「システム１」思考

なぜこうした話を書いたかというと、デジタル化が進むにつれて、人間の脳のうち、システム2の活動がますます怠惰になり、システム1を使って直感的に判断する人間がきわめて増えているのではないかと懸念しているからだ。

たぶん、いまこの本の読者の脳もまた、システム1にとどまっているのではないか。そこで、みなさんの脳を活性化させるためにわかりやすい例を示してみたい。

それは二〇一九年九月二三日の「国連気候行動サミット2019」の前に国連の場で世界全体に大人たちの認識の甘さを非難すると同時に一刻も早い行動を迫った、スウェーデン生まれの当時一六歳の少女、環境活動家グレタ・トゥーンベリをめぐる「思考」についてである。

この少女の切実な訴えを聞いて、あなたはなにを思っただろうか。“How dare you!”（「よくもそんな風でいられるわね」）と彼女が叫ぶとき、彼女の激しい怒りに心が揺さぶられたかもしれない。だからこそ、たとえば、朝日新聞オピニオン編集部次長の山口智久は「国連で怒ったスウェーデンの少女グレタの思い」を論座のサイト[5]にアップロードしている。読者もこれを読めば、グレタがどんな少女で、どのような経緯で国連の場までやってきたかがわかるだろう。

しかし私からみると、この記事を読んでも、そこでの思考はシステム1にとどまっているように思われる。「信じたいことを裏づけようとするバイアスがある」（確証バイアス）や、「感情的な印象ですべてを評価しようとする」（感情ヒューリスティック）などが複合的に働いた「安易な思考」のように感じられるのである。

「システム2」思考をせよ

もちろん、私自身、こうしたシステム1の思考を避けては通れない。しかし、システム2のレベルまで思考を高めるべく意図的に努力しようと心掛けている。どういうことか。

グレタの懸命な声に心を動かされたうえで、「イデオロギー的闘争における子ども利用は全体主義イデオロギーの古典的サインである」という記事を書いた人物がいる。ロシア語の新聞『ノーヴァヤ・ガゼータ』の記者、ユーリヤ・ラティニナである。過去に二、三度、モスクワで彼女と話したこともある。ロシアでもっとも優れたジャーナリストであると、私が評価している人物だ。この記事（2019, No.108）はシステム2にまで思考が到達しえた、きわめて優れた内容になっていると、私には思われる。

ラティニナは、修道士ジローラモ・サヴォナローラを思い出すように指摘している。詳しくは、「世紀末のフィレンツェはサヴォナローラの支配下に……ボッティチェリにも影響！」を読んでほしい。[6] 要するに、彼は厳格な神権政治をフィレンツェで実現するように要求するようになり、暗にメディチ家の贅沢三昧や乱れた風紀を糾弾する。その際、彼が利用したのがフィレンツェに住む十代の若者たちであった。彼らは富豪の家の門を打ち壊し、通行人から贅沢な宝石を略奪したり、さらには、虚栄の焼却の篝火（bonfire of vanity）を行うまでになる。この篝火はかつら、付け髭、鏡と香水、衣服や装身具、貴婦人の胸像や肖像画などの世俗的に人を惑わし虚栄心に満ちた品々を燃やした。こうしてサヴォナローラは権力基盤を固めていったのである。

スターリンは、一二歳から一六歳くらいの少年少女が彼らの両親に対するスパイとなることが全体主義国家にいかに役立つかに熟知していたと、ラティニナは指摘している。それは、毛沢東が紅衛兵を利用したことにつながっている。毛沢東は一九六六年五月、清華大学附属中学（日本の高等学校相当）の学生からなる紅衛兵を組織化し、それが北京地質学院附属中学、北京大学付属中学などへ広がったのだ。

こうした過去の歴史を知っていれば、グレタの活動の背後に彼女の想いだけではない別の要素をかぎ取ることもできるかもしれない。少なくともその可能性について慎重に見極める姿勢が求められる。ラティニナは、「社会を単一の考えに強制するために子どもを利用するのは全体主義的イデオロギーの古典的サインである」と明確にのべている。ラティニナは、全体主義のイデオロギーがたとえば科学的共産主義のように、それ自体科学を装ってきたことに注意を向けている。彼女によれば、階級としてのプロレタリアートが消失して以降、世界全体の左翼は近代的な西側のポスト産業文明のすべての成果に永久闘争を挑める新しい利害集団を探しつづけてきたのであり、その例がイスラーム諸国からの移民なのであり、白人男性が抑圧する女性であり、そしてもう一つの利害集団として見出されたのが少年少女たちということになる。

もちろん、このラティニナの論評がどこまで正しいかをめぐってはさらなるシステム2に基づく検討が必要だろう。ただ、ここでいいたいのは、少なくともラティニナの思考がシステム

2において機能しているということだ。私は、こうした「深い思考」により多くの人々が接して、自分でもシステム2思考ができるようになるよう希望している。

こう考えると、受信者はまず、自分の思考回路を鍛え上げてシステム1におけるバイアスに気づき、システム2を精一杯働かせて発信者や媒介者からの情報によってだまされないようにしなければならないことになる。

3　発信者に気をつけて

つぎに、「情報発信者に気をつけて」という話をしたい。情報発信者には、政治家、官僚、学者などがいる。もちろん、SNSを使って、みなさんもりっぱな情報発信者になれる。こうした情報発信者はさまざまな手法で情報を発信する。

たとえば、大臣は記者会見というかたちをとって、新聞や放送局の記者を相手に情報を発信する。その際、その情報の中身について、記者は質問することで、情報そのもののチェックが可能となる。いわば、彼らは国民に代わって、情報伝達を媒介・仲介することで、大臣によって一方的に発信された情報に対する防波堤のような役割を果たすことができる。ただし、日本の場合、中央政府の官公庁や都道府県の知事室の近くに記者クラブなるものがあり、こうした会見に出席できる人が限定されている。このため、記者と役人が結託すれば、厳しい質問を排除することができる。いわば、「もたれ合い」によって、情報発信者が情報を操作して、自分たちの主張や政策の正当性を高めるのに利用できることになる。これこそ、「だましのテクニック」であり、受信者は「ハロー効果」なども手伝って、権威ある大臣や知事の発言を鵜呑みにしかねない状況に陥る。

媒介者たる記者のような存在を通じた「だましのテクニック」についてはあとでのべることにして、ここでは、まず、国家による「だましのテクニック」について語ろう。つぎに、学者によるだましについて説明する。

国家によるだまし

国家によるだましには、発信そのものを両断する、すなわち発禁処分という方法と、国家による情報発信そのもののなかにディスインフォメーションを含めるという方法がある。前者は、発禁処分そのものについて知られないままであれば、国家にとって不都合な情報そのものの国民への伝播を防止できる。

日本の場合、国家があからさまな情報遮断、発禁に乗り出したことに敏感であったのは森鴎外であろう。一九一〇（明治四三）年五月から大検挙がはじまった「大逆事件」を目の当たりにして、森鴎外は『沈黙の塔』を『三田文学』（同年一一月号）に発表した。この短編小説において、「パアシイ（Parsi）族」というものが登場する。ゾロアスター教を起源とする一神教宗派の信徒でペルシア人の子孫であるとされる人々、「パーシ人」が仲間のうちで「危険な書物を読む奴」を殺し、その死骸をインド中西部の古都の丘の上にたつカラスの飛び回る沈黙の塔に運び、カラスに食べさせたという寓話を日本の状況にあてはめて書いたものである。

そのなかで、「パアシイ族の少壮者は外国語を教えられているので、段々西洋の書物を読むようになった」と書かれている。そして、出版物の禁止がはじまり、その対象は小説ばかりでなく、脚本、抒情詩、論文、外国ものの翻訳へと拡大されたのだという。そして、「安寧秩序を紊《みだ》る思想は、危険なる洋書の伝えた思想である」として、「危険なる洋書を読むものを殺せ」となる。これに対して、鴎外とおぼしき人物はつぎのように記している。

「芸術も学問も、パアシイ族の因襲の目からは、危険に見えるはずである。なぜというに、どこの国、いつの世でも、新しい道を歩いて行く人の背後には、必ず反動者の群がいて隙を窺っている。そしてある機会に起って迫害を加える。ただ口実だけが国により時代によって変る。危険なる洋書もその口実に過ぎないのであった。」

なお、この小説を日本に公費留学していた魯迅は中国語に翻訳している。魯迅は、実在する中国人官僚、周樹人のペンネームの一つであり、彼もまた鴎外と似た境遇に置かれていた。

いずれにしても、国家が不都合な情報を抹殺しようとすることはいまでもつづいていると考えたほうがいいだろう。露骨な発禁はできないにしても、補助金の打ち切り（「あいちトリエンナーレ２０１９」への補助金不交付）や任命拒否（日本学術会議会員の任命拒否）など、「迫害を加える」機会はいくらでもあるのだ。

４　学者にだまされている人たち

ここで、学者によってもたらされる「嘘」についても書いておきたい。多くの日本人は、学者によってだまされてきたし、いまもだまされているのかもしれない。わかりやすくいえば、教科書に書いてあることもすべてが「真実」であると考えてはいけないということだ。したがって、さしずめ、この本に書いてあることも少なくとも疑ってかからなければならない。「すべてを疑いなさい」と、思想家カール・マルクスは娘たちに教えた。この教育方針は正しいだろう。だまされないようにするには、何よりも疑いの目を向けることが必要なのである。

まず、私が紹介したいのは、柄谷行人著『力と交換様式』におけるつぎの記述（三九二頁）だ。

「たとえば、第一部予備的考察で述べたように、近世において、コペルニクスの地動説を支持して弾圧されたような科学者・哲学者らがこぞって、磁力を魔術として斥けた。つまりそのとき、磁力が現にあるのに、それを認めないことが〝科学的〟だと考えられたのである。それと同様に、今日の〝科学的〟な学者は、国家、資本、ネーションに存する〝力〟を斥ける。つまり、〝力〟が働いているのにもかかわらず、あたかもそれがないかのように、その働きの結果だけを数学的に考察するのが〝科学的〟だと考えられているのである。」

知らなければならないのは、「一七世紀までの西欧の自然学では、「力」は接触ないし衝突によって生じると考えられ、遠隔的に働くような力は、神・精霊の力、あるいは、魔術として見られていた」という柄谷の指摘（四九頁）である。磁石は古代から存在したが、実在の「力」としてみることは許されなかった。ゆえに、ウィリアム・ギルバートが『磁石論』（一六〇〇年）で、磁力、静電気力を観察し、そこに遠隔的力を対象化しようとした見解も、霊的な力を扱う魔術であるとして排撃されたという。

こうした事情があったから、力を遠隔的な作用においてみた、アイザック・ニュートンの「万有引力」にしても、ゴットフリート・ライプニッツやその一派から、オカルト的な力を導入したとして非難されたのである。

もう一つ、有名なのは「エーテル」だ。一七世紀のルネ・デカルトは、すべての空間には連続でいくらでも細かく分割できる微細物質がつまっており、あらゆる物理現象はそのなかに生じる渦運動として説明できると考えた。この渦動説において、ロバート・フックはこの考え方を受け継ぎ、デカルトのいう宇宙に満ちている微細物質をエーテル（aether, ether）と呼び、光とはエーテルのなかを伝わる振動であるとしたのである。しかし、ニュートンは、一七〇四年『光学』（Opticks）という著書で光を微粒子の放射と仮定した。こうして光をめぐって論争が展開したのである。そして、アルベルト・アインシュタインの特殊相対性理論によって、エーテルの実在性は根本から完全否定されてしまうのである。

こうした歴史的事実を知っていれば、いま現在、科学が唱えていることが本当の意味で「正しい」かどうかは怪しくなる。国家、資本、ネーションに存する〝力〟があるとみなす柄谷からみれば、こうした〝力〟を斥ける科学は〝科学的〟とはいえないことになる。

イデオロギーにかかわる誤謬とその咎

いわゆる自然科学と呼ばれる分野において、こんないかがわしい状況にある以上、社会科学とか人文科学といった分野では、なおさら「嘘」がまかり通ってきた。その典型がマルクスの思想をめぐる解釈だろう。

柄谷はつぎのように書いている（二一〇頁）。

「一般にマルクスは『資本論』で、労働価値説、つまり、商品の価値がその生産に要した労働（時間）にあるという説を唱えた人だと見られている。しかし、それは本来、アダム・スミス、リカードら国民経済学（古典派経済学）の考えである。実は、剰余労働の搾取という考えさえ、リカード派社会主義者（ウィリアム・トンプスンに代表される）の見解である。マルクスがそれらを受け継いでいることは確かであるが、『資本論』の本領は、その副題である「経済学批判」にこそある。」

ただし、マルクス主義と呼ばれる、マルクスの『資本論』を誤読した人々はマルクスの経済学批判が「史的唯物論」（経済的下部構造として生産様式を見出す）の見方に立つように勝手に解釈したのである。これは、二つの意味で間違っていた。まず、「史的唯物論」はフリードリヒ・エンゲルスが構想したものであって、マルクスの独創ではない。第二に、マルクスは問題を生産ではなく、交換から考えようとしたのであって、生産様式からのみ社会関係をみるのは間違っているのである。

後期マルクスというべきものは一八六七年の『資本論』第一巻にこそ見出されるというのが柄谷の主張である。マルクスにも見出せる「史的唯物論」はいわば、中期マルクスの仕事であって、後期マルクスは、「貨幣の力を、共同体と共同体の間での物品の交換に見出した」のである。これは、商品の価値を生産に見出した古典派経済学者と異なり、マルクスがその価値を交換に見出したことを意味している。

一九一七年のロシア革命によって政権を奪取したマルクス主義者は、プロレタリアートが国家権力を握って資本主義的な生産様式を廃棄すれば、国家は漸次的に消滅すると考えた。政治的・イデオロギー的上部構造は経済的下部構造に規定されると信じていたから、この政治的下部構造を支える資本主義的生産様式の廃棄こそ最重要課題とされたことになる。

だが、マルクスは生産様式よりも交換様式を重視していた。そう考えると、マルクス主義者が唱えていた主張は根本から間違っていたのではないかということになる。

読解力の重要性

知ってほしいのは、読解力の重要性だ。人間はつねに変化する。マルクスにしても、一八四四年にパリで発刊された『独仏年誌』第一集に発表された二つの論稿、「ユダヤ人問題によせて」と「ヘーゲル法哲学批判序説」は初期マルクスの作品だが、ここでの立場が生涯変わらなかったわけではない。一八四八年に発表されたマルクスとエンゲルスによる『共産党宣言』にしても、このときの二人の立場が生涯変わらなかったわけでもない。そう考えると、一人の人間の思想を全体として理解するには、相当の読解力が必要になる。

マルクスの『資本論』全三巻のうち、マルクスが生前に刊行したのは、第一巻だけである。第二巻と第三巻は、マルクス死後にエンゲルスが編集・刊行したにすぎない。したがって、マルクスの死ぬ間際の思想をそのまま切り取ったものではない。似た例として有名なのは、フェルディナン・ド・ソシュールだ。彼は言語学者として有名だが、存命中一冊の著書も出版しなかった。一九〇六～一九一一年のジュネーヴ大学での講義をもとに刊行された『一般言語学講義』はあるが、それがソシュールの思想を十分に反映したものかどうかについては議論が分かれている。

だからこそ、人間の書いた書物だけから、その著者の思想の変遷を解読するのは容易ではない。その一部をその人の思想として後生大事に崇めるのは誤解をよぶ。読解力が求められることになるのだ。

私は、柄谷の読解力を信用している。彼の著作のなかで、私が最初に読んだのは、一九七八年刊行の『マルクスその可能性の中心』だが、柄谷の読解力に感心したのは、「〈意識〉と〈自然〉——漱石試論」を読んだときだった。夏目漱石を読み解く眼力に感銘を受けた。爾来、私は柄谷の読解力に寄り添うかたちで、さまざまな思想家について、彼の視角から読みつづけるようにしている。

その結果、マルクス主義なる偏向に陥ることもなかった。だが、それは単なる偶然かもしれない。読者にいいたいのは、だれかの思想に接するときには、「石橋を叩いて渡る」どころか、「石橋を叩いても渡らない」くらいの慎重さが必要だということだ。そうしないと、だまされかねないからである。

もう一つ厄介な点がある。それは、何らかのイデオロギーを信じる者は頑なにその思想のようなものを信頼する一方、それとは異なる考えを徹底的に排除しようとする傾向にある点だ。この結果、「宗教戦争」よろしく、自分と異なる「宗派」を「異端」と決めつけて攻撃する。ウクライナやロシアはもともと、社会主義国家、ソ連に属していたから、「社会主義大好き」な連中がいまでも排他的な姿勢をとることが多い。こうして、ウクライナ戦争に対する分析がますます錯綜とした混乱に陥ることになる。

5　媒介者であるマスメディアはみなさんをだましている

つぎに、媒介者たるマスメディアが「だます」という行為に深くかかわってきたし、いまも同じであるという話をしたい。テレビや新聞の役割は大幅に低下しているとはいえ、これらの媒介者によって国民の大多数がだまされてしまうという構造自体はいまだ変わっていない。

「合意のでっち上げ」というメカニズム

ここで近代国家とマスメディアによる「合意のでっち上げ」について考えてみよう。まず、Manufacturing Consentと題された本を取り上げだい。日本語訳すれば、「合意のでっち上げ」となるからだ。エドワード・ハーマンとノーム・チョムスキーの共著である。

彼らが「プロパガンダ・モデル」と呼ぶモデルでは、情報操作にかかわる五つのフィルターがある。①マスメディアの規模、所有権、利益指向、②マスメディアの主要な収入源としての広告、③情報源である政府やビジネス経営者やそれらによって資金提供されたり承認されたりしている専門家、④投書などで寄せられる矢継ぎ早の「非難」、⑤反共産主義——というのがそれである。

新聞やテレビなどのマスメディアは政府と相互依存関係を保ちつつ、広告主や読者や視聴者にへつらってきた。とくに、情報源として国家に頼らざるをえないマスメディアは国家の活動に対して常に批判的であることはできなかったことに気づくことが重要だ。国家の都合を忖度して、政府への厳しい批判を自粛してきたのである。

政府を支えているのは官僚なわけだから、官僚はマスメディアを自らの利益に資するように誘導しようとする。その結果、政府・官僚によるプロパガンダやディスインフォメーションである情報が国民に広範に伝播されているのだ。そうした情報をマスメディアが検証なしに報道することで、政府とマスメディアは共謀関係にあると指摘されても仕方ない状況が生まれやすくなるのだ。

ベトナム戦争の引き金となったトンキン湾事件の誤報、大量破壊兵器と核兵器開発をめぐるイラク関与の誤報などはみな権力と結託したマスメディアの加担のもとに起きた。そして、なによりも政府にとって不都合な情報は無視し、報道しようとしない。マスメディアの質の悪さは自らを「第四の権力」と位置づけながらも、その実、政権をもつ権力と結託している点にある。もちろん、すべての報道が政府に対する「忖度」や、政府との「共謀」に基づいているわけではない。政府を厳しく批判する報道もたしかにある。だからこそ、政府と癒着しているマスメディアの本性がなかなかわかりにくくなっているのだ。

いずれにしても、こうしたマスメディアの本性は歴史的に変わっていない。私が残念に思うのは、マスメディアのこうした本性に気づいていない人が多すぎることである。

記者クラブの弊害

日本のマスメディアもまた日本政府と結託してきた。この表現に違和感をもつのであれば、「協力してきた」と言い換えてもかまわない。それは米国と同じメカニズムのなかで活動してきた結果だ。日本経済新聞社と朝日新聞社に勤務した経験のある私にとってつらいことだが、日本のマスメディアはおそらく欧米のマスメディア以上に堕落していると思う。その背景には、「記者クラブ」という制度がある。新聞やテレビなどの特定報道機関所属の記者を優先的に集めて、記者発表や記者会見などの便宜供与を受けられる組織だ。それ自体は任意団体にすぎないとしても、長い伝統のなかで官公庁の一角を記者クラブ専用室として使用することが認められてきた。そこに、官僚との癒着を生む温床が生じ、現に忖度があちこちにはびこる事態になったのだ。この記者クラブは一種の談合組織であり、たがいに共生し合うなかでよく似た記事が量産される毎日がつづいてきたというわけである。

フランスに拠点を置くReporters Without Bordersが毎年公表しているWorld Press

Freedom Index（2022）では、日本は七一位だった。ノルウェー、デンマーク、スウェーデンが一位、二位、三位だが、ドイツ一六位、英国二四位、米国四二位に比べて、日本の七一位は明らかに見劣りする。この惨憺たる評価の裏側には、日本独特の記者クラブ制度があるのは間違いない。

広告への根深い「忖度」

マスメディアが「ディスオネスト」である証拠は広告主への過剰ともいえる「忖度」だ。中立公平な情報提供をしているとは到底思えない。NHKを除くマスメディアは民間会社だから広告主への配慮が求められている。私の場合、朝日新聞社に在籍していたときには、直接的に広告主を意識しながら記事を書いた記憶はない。しかし、日本経済新聞社では、企業への忖度は日常茶飯事だった。日本橋三越で行われた「ニセ秘宝展」事件を告発する手紙が一九八二年に日経に最初に送られてきたにもかかわらず、大広告主を気遣って日経が記事化しないでいると、告発者が朝日新聞にも同じような告発をして、それが朝日新聞に掲載されたという出来事が起きた。私は当時、日経社会部にいた友人からこの話を直接、教えてもらった。いかにも日経らしい大失態だったといえるだろう。

はっきりいえば、「意図的で不正確な情報」たるディスインフォメーションを垂れ流さざるをえない状況は、昔もいまもつづいている。テレビ局は新聞社以上に深刻だろう。まず、免許制であるために政府を怒らせると、政府から免許剥奪を含む嫌がらせを受けかねない。加えて、テレビＣＭのスポンサーを慮って、ディスインフォメーションに加担しなければビジネスが成り立たない。こうしたことを英語で、“toading reporting”（ゴマすり報告）とか“timorous reporting”（臆病な報告）と呼ぶ。

6　「正しさ」と民主主義

日本の場合、マスメディアが官僚の流すディスインフォメーションを後生大事に伝えてきた点に特徴がある。発信者である官僚が発信時点でディスインフォメーションを流し、無能なマスメディアが何の批判もないまま、それを媒介して拡散させるという構図である。多くのマスメディアがなんの検証もなしに官僚によるディスインフォメーションを垂れ流すことで「真実」であるかのような事態が簡単につくり出されてきたのだ。記者クラブに安住して、多くの記者が官僚の発表に疑いをいだくことさえなくなっていったのである。まさに「みんなで渡れば怖くない」ので、官僚による国民への情報操作にマスメディアが利用され、ディスインフォメーションが広範に広がったといえる。

明治以降の「公私融合」

日本の近代化後の官僚制の特徴は、「機構としての官僚制」にあるといえるかもしれない。身分制のもとで、家業・家産・家名が一体化した「家」（イエ）に慣れ親しんできた日本人は、明治維新後、各省に、いわばイエを見出し、その省という機構のなかで、職位ごとに職務・権限を明記した法令のないなかで「和」を重んじながら、また、個人の利害を相互に抑制し、稟議制により、個人の責任をも回避しながら、組織単位の利害を優先する官僚制を形成してきたと考えられる。それは各省の人事、予算、法規を担う官房部門が省全体の規律性・連帯性を調整する役割の重要性を増し、官房部門の肥大化という現象につながっている。私的利害の抑制については、課長職以下の行政職員が大部屋で執務にあたる「大部屋主義」を生み、「個室執務主義」をとる欧米や中国と大きく異なっている。

こうした理解は「公私融合」という原理を日本の官僚制の特徴とみなす見方とも整合している。各省内部では、官房が中心となって、官僚の私的利害に配慮したルール・秩序が構築され、それは天下りというかたちで退官後もつづく。対社会という面でも、国家利益の唯一の護持者としてふるまうことで、「私」の部分を隠蔽することに成功してきたわけだ。

ディスインフォメーションで民主主義を破壊

公私の曖昧さは官僚にとってきわめて好都合だ。「公」を理由に私腹を簡単に肥やせるからである。これを利用して、選挙で選ばれたわけでもないのに、法律をつくるという立法に深く関与している。不勉強な政治家はその助けを借りて、官僚の言い分を唯々諾々と聞き入れてしまっている。あるいは、官僚にとって不都合な情報は政治家の耳にまで届かない。

官僚による「公私融合」は日本の民主主義にとって大きな脅威になっている。とくに怖いのは官僚と政治家による結託だ。政治家と官僚が癒着して、ディスインフォメーションを流し、国民すべてがだまされるという事件がすでに起きてしまった。加計・森友問題で首相自らが平然とディスインフォメーションを発信し、それを裏づけようと法令違反までした官僚によって二〇一七年の衆院選の結果は明らかに歪められてしまったのである。ディスインフォメーション効果がいかに大きいかがわかる。おそらくロシアのような国では、こうしたことが日常的に起きている。ゆえに、そこには民主主義が育たないのだ。日本もそうした茨の道へと向かいつつあるようにみえる。

「正しさ」をめぐって

ここで、政治家や官僚、さらにマスメディアが「意図的」で「不正確」な情報たるディスインフォメーションを垂れ流すという現象について、もう少し詳しく解説しておきたい。まず、「正しさ」について考えてみたいと思う。ディスインフォメーションが「意図的で不正確な情報」であるとすれば、ここでいう「不正確」という言葉に含まれている「正」についてよく考えておく必要があると思う。

倫理が「正しさ」を問うとすれば、「正」という漢字に立ち戻るところからはじめるべきかもしれない。白川静著『字統』によれば、「正」は「一」(城郭で囲まれた邑)と「止」(足跡の形)を組み合わせた言葉であり、「都邑に向かって進撃する」という意味をもち、都邑を征服することにつながっている。「正」が多義化するにおよんで「征」がつくられるのだ。「正」はもともと征服を意味し、その征服した人々から貢納を徴収することを「征」と表すようになる。忘れてならないのは、重圧を加えてその義務負担を強制することを「政」ということだ。そして、そのような行為を「正当」とし、「正義」とするに至るのである。ゆえに、本来、征服支配こそ、強者の正義であったと考えることができる。

このような経緯を知っていれば、「正しさ」なるものが強者の押しつけでしかないことがわかるだろう。「神」がいればまだしも、「神」が遠ざかると、あるいはいなくなると、「神」たらんとする「国家」が勝手な「正しさ」を押しつけ、事態がますます悪くなる。そして、その国家の横暴を「法の支配」(rule of law)を名目にして官僚がやってのけるのだ。

道徳のはかなさ

もう一つ、忘れてはいけないことがある。それは、道徳や倫理のはかなさを知ることだ。みなさんは道徳や倫理が時間や空間を越えて存立する普遍的な概念であるかのように思っていないだろうか。だが、残念ながら道徳や倫理は慣習や習慣といった程度のものであり、決して普遍的な概念ではない。ハンナ・アーレントが『責任と判断』で指摘するように、ラテン語の語源（モーレース）に由来する道徳性（morality）という言葉と、ギリシャ語の語源（エートス）に由来する倫理（ethics）という語はともに慣例や習慣を意味しているにすぎないからである。

ゆえに、道徳や倫理を基準にして「正しさ」を判断しようとしても、その結論は揺れ動いてしまう。時代や場所に応じて、その判断は異なってしまうのだ。だからこそ、ディスインフォメーションを発信する側が意図的に発信者側に有利な歪んだ情報を流して、得をすることが可能になるのである。

古典的名著『イメージ』

「正しさ」を決める基準として、「本物かどうか」という基準もある。しかし、これもそう簡単に決めるわけにはゆかない。ここでは、少しだけ哲学的な話をしておこう。まず、古典的な名著とされている、一九六一年に初版が刊行されたダニエル・ボースティン著『イメージ』の話からはじめたい。そのなかでは、「アイディール」（Ideal）から「イメージ」（Image）への思考の変化が強調されている。といっても、これだけでは、彼がなにをいっているのか、よくわからないだろう。彼が“Ideal”と呼んでいるのは“Idea”から派生した言葉だ。

Idea（イデア）は望ましいなにものか、あるいは完全であるなにものかを意味し、人間の心のなかにだけ存在する。プラトンのイデア論では、現前にあるものは真の実在であるイデアの影（コピー）であるとみなされている。したがって、芸術作品はこのコピーのコピーにすぎないことになる。こう考えると、普段、実在するものを真実であるかのようにみなしていること自体が虚偽（コピー）にすぎないことになる。したがって、プラトンのように考えると、目に見える世界はすべてコピーないしコピーのコピーにすぎず、目に見えるものに「真実」を見出すことを当然視している近代以降の常識がまったく通用しない世界が広がっていたことになる。

イデアはもともとギリシャ語だが、これがキリスト教と結びつくことで、アイディールはヨーロッパでは、無矛盾のつくりごとではない状態として意識されるようになる。つまり、アイディールは伝統ないし歴史、あるいは神によってつくりだされたものということになる。この時代には、アイディールは完全なものであり、曖昧さをもたないものだった。わかりやすくいえば、人間は自らの見方や考えを神に仮託して、神のつくり出した秩序らしきものに従属させることで、神の命じる秩序を完全であるかのように受けいれていたわけだ。そこでは、信用できるかどうかは問題にされなかった。アイディールは無矛盾の完全な状態としてすでにあるものであり、キリスト教徒にとって受けいれるべきものとしてあったのだ。つまり、事実はまず神のもとにあり、その信憑性は問題にすべきものではなかった。そもそもフェイクかどうかは問うべきものではなかったわけである。

これは、正しさや真偽の問題が神に任されていた時代を意味している。別言すると、神の意志である自然法が全面化していた時代のことだ。

ところが、人間は"Image"というものをつかって、伝統・歴史・神から徐々に離れてゆく。このImageという英語は、ラテン語のimagoから派生した。このラテン語の動詞形はimitariで、英語にすればimitateを意味している。つまり、イメージは模倣するとか、模写するといったことに関連している。いわば、イメージはあらゆる対象の外部形態の人為の模倣ないし代理物であるのだ。模倣や代理物である以上、その真偽が問題にされるようになるわけだ。そして、なによりも大切なことは、イメージは人間が主体として生み出すものであり、人間の現実の世界にかかわる自然権（各人が固有の本性を維持するために自己の意志にしたがって自己の力を用いる自由）につながってゆく。

リスボン大地震

神の名のもとに、なにもかもを説明する、すなわち、完全なものたるアイディールから繙くという思考法が大きく揺らぐ出来事があった。それは一七五五年一一月一日（諸聖人の日［万聖節］）に起きたリスボン大地震だ。五万人以上が死亡した地震と津波がカトリック教徒を襲ったことで、神によって人間の力の及ばない自然の猛威を説明することに対する疑問が広がったのである。天変地異に神の正義をみるのではなく、自然そのもののメカニズムにその原因をみようとする科学的思考が広がるきっかけになったと考えられている。それを実践したのが哲学者イマニエル・カントであり、彼はこの地震をめぐる書物さえ書いたのだった。興味深いのは、この地震と津波が人間の安全保障に対する問題を喚起し、これを神の正義の問題ではなく人間の問題としてみる視線を養ったことだ。

つまり、神から距離を置いて、人間自身で考えることを重視するようになる。ただし、その際、人間の目で見えるものは現前するそのものではなく、光を介して網膜に映し出される像を脳が認知するだけだから、模倣・偽物にすぎないことがよく意識されていた。それでも、各人がそのイメージをもつことで、神の手から離れて、人間同士のイメージをもとに共通の感覚で理解を深められるようになったわけである。

ボースティンは「アイディール思考」から「イメージ思考」への変化が「グラフィック革命」によって促進されたと主張している。グラフィックというのは、書かれたものや図や絵に示されたものを意味している。この革命がはじまる前までの絵画は天地創造における神の仕業に帰せられる宗教色の強いもので、教会でしか目にしないようなものだった。しかし、グラフィック革命によってさまざまな絵画や情報が人々に入手可能となる。それを可能にしたのが製紙の技術であり、活版印刷術であったわけだ。本を通じて、模写・模倣されたものが人気を集めるようになると、それが真実であるかのように擬制する事態になるわけだ。ここに、真偽や信憑性を問う時代がはじまる。

民主主義とグラフィック革命

名著だけあって、ボースティンはなかなか興味深いことを指摘している。

「一八世紀と一九世紀の民主主義革命と一九世紀と二〇世紀のグラフィック革命はこの変化（「アイディール思考」から「イメージ思考」への変化：引用者註）に大いに寄与した」というのがそれである。なにが言いたいかというと、歴史的にみると、まず多くの人々による多数決に基づく民主主義の重要性の高まりがあって、それに呼応するかのように、グラフィック革命が起きて人間はますますイメージ思考を深めるようになったということである。人々が神の教えから距離を置きつつ、自らイメージして思考するようになるのだ。

しかし、問題はその先にある。民主主義の手続きを維持しつつ、人々が納得しながら全体の統治をうまく機能させるためには、一工夫が必要だからだ。そもそも、人間は暴力によってのみ人々を統治できるわけではない。人類は宗教を形成し、その宗教に導かれるようにして統治にいかしてきた。だからこそ、ローマ帝国はキリスト教を国教化して、統治に利用し、日本でも、聖武天皇の時代に仏教を統治に利用したのだ。

加えて、「法の支配」（rule of law）も重要な統治方法の一つだった。皇帝や国王が死んでも、確固たるルールが堅持されなければ、彼らの死ぬたびに大きな混乱が生じてしまう。これを避けるには、物理的に死ぬことのないルールとして、法が必要だったのだ。

近代化によって、皇帝や国王に代わって、新しい国の統治方法が模索されるなかで、各人が民主的な選挙によって代理人を選び、その代理人が立法したり、行政を指導・監督したりする仕組みが生み出された。とはいえ、選挙で勝利するには、イメージ思考をするようになった人々をうまく説得して一定の考え方に誘導することが求められるようになる。つまり、情報操作によってイメージという、曖昧なものの見方に働きかけて、統治者の有利になるような仕組みをつくり出すことが全体の円滑な統治に不可欠になったわけだ。そのために、重要な役割を果たすようになったのがマスメディアということになる。グラフィック革命によって誕生した新聞やラジオ・テレビなどだ。そこには国家とマスメディアとの共謀関係が存在し、「合意のでっち上げ」という現象が生じている。

「標準」の決めにくさ

情報の正確さの話をわかりやすく理解するには、時計の正確さを考えればいいと思う。時計が正確かどうかの判断には、標準時との比較が使われる。つまり、「標準」になるものがあれば、比較対象となる時計の正確さをある程度判断することが可能となる。標準時でいえば、客観的時間をどう定めるかという議論があって、世界中の多くの国が認め合うことで成立している。原理的にいえば、懐中時計や腕時計の普及で、時間がその持ち主によって異なるという主観的時間の広がりが困難をもたらしたために客観的時間が必要になったわけだ。

一七世紀にゼンマイ時計による懐中時計の普及という形で、時間が共同体から労働を管理する個人である資本家の手に移る。これは時間が共同体から個人の手に移ったことを意味し、さらに、組織の主体性も確立した結果、企業の工場においても、時計が重要な役割を果たすようになる。タイム・カード・システムまで生み出される。あるいは、やがて正確に時間をはかることのできる時計によって、記述可能な仕事の役割ごとの労働者の最適配置、作業過程の分割や配列といった、「科学」に基づく管理（テイラーシステム）までもが可能になる。

これは、資本家が教会といった共同体に代わって、資本家個人のレベルで時間を自由に創出できることを意味した。自己の内面に意識をつくり、意識によってとらえる時間と、機械を媒介にして固有の動きを示す時間とを分離してとらえることを促したことになる。後者は共同体から離れて、自由な時間を所有するという観念を広げたわけだが、その自分だけの時間が逆に、バラバラになってしまった人間に客観的な時間を必要とさせるようになる。労働時間を賃金支払いの規準とするようになった資本家が時間をごまかさないようにするためにも、時間を平等にするための「客観化」が必要になる。

産業化という企てを象徴する鉄道もまた、客観的な時間を必要とした。列車の出発時刻や到着時刻を正確に把握できなければ、鉄道の円滑な運行は不可能だからだ。こうして秒針まで取り付けられた時計が出現するようになり、抽象的な量としての時間概念が細分化され、しかも支配的になる。その結果、世界経済という場においては、ますます客観的な時間が必要とされるようになるのだ。ゆえに、一八八五年、国際子午線会議で、英国のグリニッジ子午線を基礎子午線とした国際標準時の制度が創設された。

これと同じように、世界全体が納得するような正義の判断規準としての「標準」が創出できれば、情報の正確さの判断に役立つだろう。しかし、宗教や慣習、文化の違いから、正義のための「標準」をつくり出すのは難しい。それが現実なのだ。したがって、そもそも「正確な情報」そのものがないといえる。

「意図的」という重さ

ゆえに、ほとんどすべての情報は「不正確」と極言することさえできる。ただし、そうした不正確な情報を意図的に流すとなると、事態は重大になる。つまり、日常、人々は情報が正確であるかどうかを簡単に判断することはできない。それに乗じて、不正確な情報を意図的に流すというのは、少なくとも信頼に基づく「仁」という論語の世界観に反している。孫子の「詭道」に沿って、敵をだましたり欺いたりする行為に映る。「意図的であるかどうか」がディスインフォメーションであるかどうかを決定づけるうえではきわめて重要なのだ。孫子の詭道を前提とするような地域では、歴史的にみて早くからディスインフォメーション工作が行われていた。幸か不幸か、日本のように「和」に基づく信頼を重視してきた日本では、意図的で不正確な情報を流して混乱させる必要はあまりなかった。

だが、近代化は日本文化の特徴を徐々に侵食する。資本主義という、「出し抜く」ことで利益につなげる原理は「企て」や「目論見」の重要性を植えつける。意図的に情報を歪めて利益につなげることが日本でも広がる。いわば、ディスインフォメーションがそこら中に広がり、だまされる人がますます増えることになる。

しかも日本では、「和」や「信」を重視する人が多いため、あるいは、ディスインフォメーション対策の教育が整備されていないために、「だまされている」にもかかわらず、その事実に気づかない。やがて第三次世界大戦のような大惨事に直面して「だまされてきた」ことを知るのだろうか。それでは、第二次世界大戦を経験した日本人の反復ということになってしまう。

注

1 https://www.ipsj.or.jp/magazine/9faeag0000005al5-att/5910peta.pdf
2 https://www.mext.go.jp/content/1407073_11_1_2.pdf
3 https://www.nichibun-g.co.jp/data/case-study/cs_joho/download/cs_joho_002_shajo_print_answer.pdf
4 https://www.nagoya-u.ac.jp/researchinfo/result/2022/02/post-184.html
5 https://webronza.asahi.com/business/articles/2019092500009.html
6 https://firenzeguide.net/girolamo-savonarola/

第二章　二〇一四年春にはじまった？　ウクライナ戦争

1　「ウクライナ・オン・ファイヤー」をみたか

第二章から、ウクライナ戦争を題材にして、どう「だまし」が行われてきたのかについて具体的に明らかにしてみたい。

まずみなさんには、製作・総指揮にオリバー・ストーンがかかわった二〇一六年につくられたドキュメンタリー映画「ウクライナ・オン・ファイヤー」をみてほしい。ストーンといえば、ベトナム戦争とその影響を映画化した「プラトーン」の監督で知られ、私にとっては、二〇一三年に米国政府の諜報活動の実態を暴露した人物、エドワード・スノーデンにスポットを当てた、映画「スノーデン」が印象に残っている。

「ウクライナ・オン・ファイヤー」は二〇一四年春に表面化した「ウクライナ危機」と呼ばれる出来事について、実際の映像を用いてさまざまなことを教えてくれる。ときおり、ストーン自身による当時のウクライナ大統領だったヴィクトル・ヤヌコヴィッチといった人物のインタビューが差し挟まれることで、当時の出来事の解説にもなっている。

YouTube のサイト[1]も確認してみてほしい。「ウクライナ・オン・ファイヤー」に関する「ウィキペディア」の説明によれば、二〇二二年三月上旬、この映画は「暴力的で生々しいコンテンツに関するポリシー」違反にあたるとして、YouTube から削除されたが、コンテンツ警告が付与された上で、再び YouTube 上で視聴可能となっているという。なお、二〇二二年四月には幸福の科学系の YouTube チャンネル『THE FACT』から日本語字幕版が公開された。

　このドキュメンタリーについて、毀誉褒貶があるのは事実だ。だが、あくまで自分の目で、この実際に起きた出来事を中心に編まれたドキュメンタリーをみてほしい。たぶん、多くの若者にとって、この映像ははじめてみるものばかりかもしれない。あとでこの本のなかで解説するように、日頃、みなさんがみている映像は、あくまで個々のマスメディアにとって都合のいい情報だけをメディア側が編集したうえで提供されているにすぎない。そう、このドキュメンタリーもマスメディアの情報も、原理的には「色メガネ」を経てみる側にもたらされる。ただ、素材が同じであっても、どう情報を見分けるかという編集によって情報を受け取る側の印象はまったく異なってしまうことになる。

BBCもみて、比較してほしい

　本当は、「ウクライナ・オン・ファイヤー」だけでなく、ほかの映像もみて、比較対照できれば、「ウクライナ・オン・ファイヤー」への信頼が高まるだろう（もちろん、低くなる場合

である。

新政権下での様子を撮影した「ニュースナイト：新しいウクライナにおけるネオナチの脅威」[2]もある）。そこで、みなさんにみてほしいのはＢＢＣが二〇一四年春にウクライナに誕生した

ナチを思わせるような暴力的な「ネオナチ」が少なくとも二〇一四年にいたことがわかるだろう。二〇二二年二月二四日からはじまったとされるウクライナ戦争に絡んで、プーチンはウクライナのネオナチを成敗することも戦争目的の一つにしているのだが、こうしたネオナチと呼ばれても仕方のない連中が二〇一四年春の段階で闊歩していたのは間違いない事実といえる。

みなさんには、この二つの情報を実際にみたうえで以下の記述を読んでほしい。どうやら二〇一三年から二〇一四年にかけてウクライナでは大事件が起こり、それが二〇二二年にはじまった戦争に大いに関係していそうなことに気づいてほしいのだ。結果主義的なアプローチでは、過去の出来事が無視されがちになる。このため、二〇二二年の戦争を説明する際、二〇一四年の出来事をネグり、ただただロシアだけが悪いと主張することもできる。だが、非結果主義に立つ本書では、二〇二二年二月二四日にはじまったウクライナ戦争を深いところで理解するには、せめて二〇一四年からはじめなければならない、といいたい。極言すれば、ウクライナ戦争は二〇一四年春からはじまり、もう九年間もウクライナとロシアは交戦状態にあるとみなすこともできる。

2 「すべてのはじまり」

ここで、プーチン自身の言い分を紹介しよう。プーチンは二〇二二年六月一七日、サンクトペテルブルクで開催中の国際経済フォーラムの全体会議に参加した。そのなかの質疑応答部分で、きわめて興味深い発言をした。

「二〇一四年のウクライナで、なぜクーデター（госпереворот）を行う必要があったのか。そこがすべてのはじまりだった。ドイツ、フランス、ポーランドの欧州三カ国の外務大臣が来て、当時のヤヌコヴィッチ大統領と野党の合意の保証人として同席していた。オバマ大統領から「向こうの状況を落ち着かせよう」と電話があった。その一日後、クーデターが起きた。なぜかというと、野党はどうせ民主的な方法で政権を取り、投票に行き、勝つだろうから……いや、クーデターを起こす必要があった、それも血みどろのクーデターを。それがすべてのはじまりだった。」

ウクライナ戦争をはじめたきっかけが二〇一四年二月に起きた「クーデター」であったと、プーチンは二回にわたって明確にのべたのである（さらに二〇二二年九月一日、プーチンは

「実際に戦争を始めたのは彼らだ。彼らは八年間、それを繰り広げてきたのだ」と、二〇一四年のクーデターを戦争勃発とする見方をロシアの若者らの前で話した)。なお、正確にいうと、欧州三カ国が保証人として同席した会議は二〇一四年二月二一日に開催されたもので、そこで重要な協定が締結された。拙著『ウクライナ2.0』では、つぎのように書いておいた。

「二月二一日、ヤヌコヴィッチ、ヴィタリー・クリチコ(「改革をめざすウクライナ民主主義連合」、UDAR)、アルセニー・ヤツェニューク(「祖国」)、オレグ・チャグニボク(「自由」)は、ドイツのフランク・シュタインマイエル外相、ポーランドのラドスラフ・シコルスキー外相、エリック・フルニエ・フランス外務省ヨーロッパ大陸部長、ウラジミル・ルキーンロシア特別使節の出席のもとで和解協定に署名したとされる」

その内容は重大であった。第一項で、協定署名後、四八時間以内に、これまでの修正付の二〇〇四年憲法に復帰する特別法を採択・署名・公布することが規定されていた。第三項では、大統領選が新憲法採択後、二〇一四年一二月に遅れることなく速やかに実施されるとされた。にもかかわらず、この協定は結果的に反故にされ、ヤヌコヴィッチは国外脱出を余儀なくされるに至るのだ。

プーチンが語ったオバマからの電話の話は有名で、拙著『プーチン2.0』にも紹介しておいた。オバマはプーチンを安心させるような電話をかけておきながら、その実、過激なナショナリストがヤヌコヴィッチを追い出したのだ。「ウクライナ・オン・ファイヤー」では、この協定締結とは無関係に、ヤヌコヴィッチを武力で追い落とす「クーデター」計画が進んでいたとの見方が示されている。

ここで、『ウクライナ・ゲート』にも書いた話だが、狙撃兵による銃撃で多数の死者が反政府側に出たとされる二〇一四年二月一八日以降の出来事について書いておきたい。多くの人々がだまされてきたからだ。エストニアのウルマス・パエト外相がキーウを訪問し、電話でＥＵのキャサリン・アシュトン外務安全保障政策上級代表（外交部門の責任者）にキーウの状況を説明している会話が盗聴されて、その模様が二〇一四年三月五日付でYouTube[3]にアップロードされたのである。「狙撃の背後にいるのは、ヤヌコヴィッチではなく、新しい連立側のだれかだ」と伝えている。その後、外相は記者会見で、内容を事実と認めている。ロシアに逃亡した後、記者会見で、ヤヌコヴィッチも同種の発言をしている。つまり、自作自演の攻撃で自らの攻撃を正当防衛化しようとしたというわけだ。これが真実であり、クーデター後の「新しい連立」こそ米国政府の支援のもとに誕生したのである。

米国によるナショナリズムの煽動と民主主義の輸出

二〇一四年春に起きた「ウクライナ危機」について、簡単に説明しておこう。二〇一〇年に民主的な選挙で大統領に選出されたヤヌコヴィッチという人物は、欧州連合（ＥＵ）にウクライナを加盟させるかどうかの選択に迫られていた。

どうしてそうなったか。これを理解するには、まず、ソヴィエト社会主義共和国連邦（ソ連）という国が地球上に存在したころを思い出す必要がある。「資本主義ＶＳ社会主義」といったイデオロギー対立から米国とソ連は「冷戦」という対立の時代に第二次世界大戦終了後に突入する。アドルフ・ヒトラーの支配するナチス（国民社会主義ドイツ労働者党）やその同盟国の日本やイタリアという、米国、英国などにとっての共通の敵を倒した後、今度は米国とソ連が対立するようになったのだ。

冷戦下で、米国政府がたてた戦略はソ連を構成する複数の共和国において、それぞれのナショナリズムを煽り、ソ連への敵対心を高め、ソ連内部に揺さぶりをかけるというものであった。そのために、米国政府は、ウクライナ独立のためにナチス・ドイツと協力関係を結びながら、後にドイツによって逮捕・収容されていたステパーン・バンデーラのような人物を第二次世界大戦後も利用しようとした。

こうした揺さぶり戦略は、一九九一年一二月のソ連崩壊の一因となる。ただ、ソ連の後継国となったロシア連邦はソ連崩壊後も独立国家共同体（ＣＩＳ）を創設して、ソ連時代の権益を守ろうとする。このため、米国政府はソ連構成国でその後独立したグルジア（ジョージア）、ウクライナなどにおいて親米の民主派勢力を結集させて、そうした国々のロシアからの離反を促す。実際に、二〇〇三年一一月にはグルジアにおいて、「バラ革命」と呼ばれる政権交代運動が勃興し、翌年、親米派のミヘイル・サーカシュヴィリ大統領が誕生する。

さらに、二〇〇四年には、ウクライナにおいて、これも米国の支援のもとに親米を前提とする民主派勢力が集まり、「オレンジ革命」なるものが起きる。同年一一月のウクライナ大統領選挙決選投票で、ヤヌコヴィッチが野党や民主化勢力が推すヴィクトル・ユシチェンコを破ったと中央選管が発表したにもかかわらず、ユシチェンコ陣営は選挙に不正があったとして首都キーウで大規模な抗議集会を連日開催、一二月に決選投票をやり直し、翌年、ユシチェンコが当選するのである（なお、グルジアとウクライナに米国が力を入れた理由のなかには、こうした国々を北大西洋条約機構［NATO］に加盟させて、米国中心の安全保障体制を確固たるものにしようとするねらいもあった。とくに、ウクライナは穀倉地帯として重要であり、ユーラシア大陸の支配のためには地政学上の重要地域といえる。だからこそ、ソ連崩壊後、ソ連ブロックに入っていたポーランド、ハンガリー、ブルガリア、ルーマニアなどの国々をNATOに加盟させる東方拡大戦略のなかに、ウクライナのNATO加盟はソ連崩壊直後からずっと構想されてきた）。

米国民主主義基金（National Endowment for Democracy, NED）と翻訳されることの多

い非政府組織がこうした海外への干渉を後押ししていた。同基金は中南米などで米国が行った、反米政権転覆のための反共工作の代わりに、一九八〇年代前半に設立されたもので、民主主義の支援といえば聞こえはいいが、間接的な政権転覆をやってのける組織とみても差し支えないだろう。ＮＥＤには政府資金が拠出されており、実際には昔の反共工作機関と似たようなものとみなしてもいい。

こうした「実績」から、米国は露骨な民主主義の輸出を他の地域でも実践する。それは、二〇一〇年当時、バラク・オバマ大統領のもとで加速化する。前任のジョージ・Ｗ・ブッシュ大統領のもと重用された「ネオコン」（新保守主義ないし新保守主義者）と呼ばれる人々が米国流の民主主義を輸出しようとした時代が米国務省内では民主党政権になっても基本的に継続されたのである。ツイッターやフェイスブックなどのＳＮＳを利用して、独裁的であったり権威主義的であったりした国々に体制転換を迫る運動が中東やアフリカを中心に世界中で展開されるのだ。

「アラブの春」という言葉を聞いたことがある方も多いだろう。要するに、二〇一〇年以降、チュニジア、リビア、シリア、エジプトなどで、当時の政権を打倒し、民主政権に転換する動きが広がった。こうした動きの延長線上で、ウクライナでも再び米国政府による「工作」がはじまる。

民主主義の輸出の失敗

だが、民主主義を絶対視し、各国の事情を顧みないまま、親米政権の樹立という結果だけに固執した政策は明らかに大失敗だった。グルジアでもウクライナでも親米政権はすぐに頓挫してしまう。国によって事情は異なるが、民主主義を定着させるだけの国内構造（たとえば多数の中間層の存在）がないままに民主化してみても、内政の「腐敗」といった事態からすぐに民心は離れてしまうのだ。その結果、ウクライナでは、二〇一〇年に民主的な選挙を経てヤヌコヴィッチが大統領に選出される（二月の決選投票結果を対抗馬のユーリヤ・ティモシェンコは投票結果について提訴したが、すぐに取り下げてしまう）。

いわゆる「アラブの春」と呼ばれた国々はもっと悲惨な状況となっている。シリアの惨状は若者でも知っているだろう。内戦状態がいまでもつづいている。リビアやチュニジアでも国内の混乱がつづいている。チュニジアでは、二〇一四年に独裁者ザイン・アル＝アービディーン・ベン・アリーが失脚してから三年後に新憲法を採択し、宗教の自由と男女の平等を保障する民主国家になったはずなのに、二〇二二年七月二五日、カイン・サイード大統領は憲法改正案の賛否を問う国民投票を実施、有権者のわずか三割弱の賛成で可決させた。この憲法によって、サイードは無期限の非常事態を宣言し、政令で統治することができるようになったのである（なお、日本政府はそんな国で同年八月二七、二八日に日本主導の Tokyo International Conference on African Development［アフリカ開発会議］を開催した。こんなめちゃくちゃな国で国際会議を開く日本政府の「マヌケなセンス」にみなさんは気づかなければならない）。

リビアでは、約二年間続いたリビアの準軍事組織間の不安定な休戦協定が破られるという事件が八月に起きた。東部で成立した政府のトップであるファティ・バシャガに従属する武装民兵がアブドゥルハミド・ドゥベイバ率いるいわゆる国民統一政府が支配する首都トリポリを攻撃したのである。

このように、米国政府による民主主義の輸出は大失敗している。にもかかわらず、米国のネオコンはいまでも何の反省もないまま、民主主義の輸出のために武力闘争もいとわない姿勢を崩していない。そんな現状を批判したのが、開発経済学の分野で世界的に有名なジェフリー・サックスである。彼は二〇二二年六月二七日、「ウクライナは最新のネオコン災害である」というタイトルの小論[4]を公表した。この話はこの章の第四節で詳しく語ることにしよう。

米国によるナショナリズムの煽動

やや前置きが長くなってしまった。二〇一三年の段階で、ヤヌコヴィッチがかかえていた難題はウクライナ経済の立て直しであった。ヤヌコヴィッチが大統領に就任した二〇一〇年に、それまでの国際通貨基金（ＩＭＦ）からのスタンド・バイ・アレンジメント（ＳＢＡ）と呼ばれる融資条件を取消し、新たなＳＢＡに基づく融資を受けることにする。ＩＭＦ理事会は同年七月二八日、ウクライナ当局の経済調整・改革プログラムを支援するため、二九カ月間の一〇〇億SDR（約一五一億五〇〇〇万ドル）のSBAを承認した。[5]

ところが、二〇一一年になって、ウクライナ政府が国内のガス価格を引き上げるという約束を破ったため、IMFはウクライナに対する融資の一部を凍結する。その後、ウクライナはますます深刻な経済危機に直面するが、こうした過去の経緯もあって、IMFはウクライナへの追加支援交渉において家庭の公共料金の値上げや政府の支出制限といった厳しい条件をつきつける。それに助け舟を出したのがプーチンだ。

ロシアがその国民福祉基金から一五〇億ドルを使ってウクライナのユーロ債を購入し、ロシアの国営エネルギー会社ガスプロムがウクライナに輸出するガス価格を引き下げ、ウクライナに年間約二〇億ドルの節約をもたらす、と二〇一三年一二月に発表したのだ。これは、一一月にヤヌコヴィッチがEUとの広範囲な政治・自由貿易協定への署名を断念したことの見返りとみられた。こうしたヤヌコヴィッチのロシアへの接近が反政府勢力によるヤヌコヴィッチ政権打倒への勢いを強めることになる。すでに、一一月二四日に武力衝突が起きていたが、この武力による政権打破の動きが加速化するのである。

こうした動きを後押ししていたのが当時米国務省次官補だったヴィクトリア・ヌーランドである。ネオコンの代表格の一人である彼女は一二月六日に首都キーウの独立広場（マイダン）でピケを張る反政府勢力を激励する。同月一五日には、当時上院議員だったジョン・マケインも同じ行動に出る。彼らの行動をわかりやすくいえば、日本の霞が関の経済産業省、財務省、外務省、農水省のある交差点の経産省側で核発電所反対のピケを張っていた人々のところへ中国外交部のナンバー2とかナンバー3の人物や中国共産党幹部が激励に訪れるようなものであり、米国政府幹部や米国の政治家がこんな大胆な行動をとっていたことの意味を想像してほしい。

マイダンにいた多くは米国が支援してきたナショナリストたちであった。米国は、ウクライナ国内で冷遇され貧困にあえぐ西部住民を焚きつけて反ロシア・親米のウクライナ政権樹立をめざすナショナリズムを高揚させようとしてきたのである。このナショナリズム煽動工作は、失業率が高く、くすぶっていた若者を取り込むことに成功し、彼らに武装闘争を仕込むまでになる。

ヌーランドは当時の駐ウクライナ米国大使ジェフリー・パイアット、野党のアルセニー・ヤツェニュークなどと毎日のように連絡を取り合い、ウクライナ政府の人事などにも介入する。そのいったんは「ウクライナ・オン・ファイヤー」のなかでも紹介されている。盗聴結果のリークがはっきりと映し出されている。このなかで、ヌーランドが「ファックEU」と話している部分も紹介されている。この会話は事実であり、彼女はこのリーク後、「くたばれEU」といった意味の汚い言葉をつかったことで謝罪に追い込まれる。

クーデターの実行

ヌーランドらネオコンはヤヌコヴィッチを親ロシアの大統領と位置づけ、その打倒を仕掛ける。そのためには、武力闘争も辞さないという姿勢をとった。いやむしろ、武力闘争を誘発・激化させて、ヤヌコヴィッチ政権を潰そうと計画したといったほうが正確かもしれない。すでに説明した、二〇一四年二月二一日、政権側と反政府勢力との協定が成立したにもかかわらず、武力による生命の危険を感じたヤヌコヴィッチはウクライナを逃げ出さざるをえなくなるのである。

きわめて不可思議なのは、大統領選を早期に実施するといった協定が結ばれ、マイダンを占拠する理由がなくなったにもかかわらず、この協定が無視され、武力によるクーデターが成功したことではないか。なぜこの協定を見守っていたドイツ、フランス、ポーランドの政府はクーデターそのものを非難し、ヤヌコヴィッチを帰国させ、協定そのものの履行を迫らなかったのか。

結果主義を重視する人々からみると、二〇一四年のうちに大統領選を実施したところで、ヤヌコヴィッチ政権打倒は確実だから、いまさらヤヌコヴィッチを戻す必要はないということなのだろうか。だが、それでは武力によるクーデターを承認したことと同じではないのか。ただし、このクーデターの黒幕はナショナリストを支援してきた米国政府であることは明らかだ。そうなると、ドイツやポーランドといえども、なかなか批判しにくいのか。

ここで、「結果オーライ」という言葉が思い起こされる。結果主義の信奉者からすれば、ヤヌコヴィッチ打倒という目標は達成されたのであり、それまでの過程はどうでもいいことになる。結局、米国のネオコンは「ワシントン・ポスト」や「ニューヨーク・タイムズ」といったユダヤ系マスメディアを味方につけて、ネオコンがとってきたクーデター支援についてはほとんど報道させないことに成功する（ユダヤ人による世界のマスメディア支配については、広瀬隆著『赤い楯　ロスチャイルドの謎（下）』の「第12章　悪魔の詩」を読んでほしい。とくに、八三六〜八四一頁にある「欧米マスコミ界に高らかに響きわたる『悪魔の詩』」は、「イギリス・フランス・アメリカの凄絶なジャーナリズム支配を明らかにしてくれる」と、広瀬は書いている）。

信じられないかもしれないが、日本のほぼすべてのマスメディアはこうした米国のマスメディアに追随し、二〇一四年二月二一日から二二日に起きた出来事について封印してしまう。だからこそ、みなさんを含めて、日本のほぼすべての人々は二〇一四年二月にウクライナで起きたクーデターの話を知らないのだ。

日本のマスメディアは本当にどうかしている。二〇一四年二月二一日から二二日に何が起きたのかについて徹底検証することもなければ、ヌーランドのようなネオコンの果たした役割も知ろうともしない。こんなマスメディアだからこそ、日本国内では、旧統一教会と自民党などの議員との蜜月を批判的に報道してきたマスメディアは一つも存在しなかったのである。こんなマヌケなマスメディアはそもそも信頼に値しない。もちろん、なかには頑張っている者もいる。しかし、それだけではマスコミ報道を信じる根拠にはならないのだ。

問題はマスメディアだけではない。後述するように、政治家も学者もその大部分がこの問題を無視しつづけてきたし、いまでもそうだ。いわば、「ネグる」ことで自らの正当性を維持しようとしているようにみえる。

こうしたなかで、このクーデターについて、『ウクライナ・ゲート』や『ウクライナ2.0』という本を書いて、詳細に論じてきたのが私だということになる。そんな私からみると、ウクライナ戦争の報道は歯牙にもかけがたいほど歪んでいる。だまされてはならないのだ。

ついでに、こうした私には心強い援軍がいる。ジョン・ミアシャイマーシカゴ大学教授だ。彼はその著書（The Great Delusion: Liberal Dreams and International Realities, Yale University Press, 2018）のなかで、「二〇一四年二月二二日、アメリカが支援し、親ロシア派の指導者を倒したウクライナのクーデターは、モスクワと欧米の間に大きな危機を招いた」（一四二頁）と書いているのだ。

クリミア併合とドンバスの混乱

悪事は隠し通せるわけではない。ヌーランドらがナショナリストを煽動した結果、何が起きたかというと、超過激なナショナリストによるロシア系住民への暴力である。だからこそ、ロシア系住民が多数を占め、軍港セヴァストポリがあるクリミア半島の人々は急いでロシア併合を望むようになる。三月一六日の住民投票で「あなたはロシア連邦構成主権のもとでのロシアとのクリミアの再統合に賛成しますか」と「あなたは一九九二年のクリミア共和国憲法の復活に賛成し、ウクライナの一部としてのクリミアの地位に賛成しますか」という二つの質問のどちらに賛成するかを尋ねられた。その結果、九六・七七%がロシアへの編入に賛成した。

もちろん、こうした迅速な対応ができた裏にはロシア側の周到な準備があった。といっても、それは二〇一四年になって急遽進められたわけではない。先に紹介した二〇〇四年から二〇〇五年にかけて起きた「オレンジ革命」後、ロシア政府はウクライナで大きな変化が起きた場合の対応として、ロシアがウクライナから借りている軍港セヴァストポリだけは死守する必要があるとして、そのためのネットワークを構築しようとしてきたのだ。この話は、私がモスクワを訪れるたびに会っていた軍事評論家から教えてもらったものであり、私はこの話を事実であると信じている。

このクリミア併合はヌーランドらネオコンにとっては大きな痛手となった。彼らは、ロシアによって「してやられた」のである。それだけではない。米国の息のかかった親米丸出しの暫定政権に対する反発から、ドンバス地域と呼ばれる、ドネツィク（ドネツク）州とルハーンシク（ルハンスク）州にそれぞれ人民共和国という、親ロシア派が支配する地域が登場する。これも、ネオコンにとっては計算外の出来事だっただろう。

ゆえに、ネオコンはウクライナ危機によってヤヌコヴィッチの打倒には成功したものの、ロシアによるクリミア併合とドンバス紛争という失敗をかかえることになる。だからこそ、ネオコンはこの失敗への復讐としてウクライナ戦争を「準備」するのである。

ミアシャイマーの批判

ここで、比較的有名な人物もまた、ウクライナ戦争が二〇一四年二月の出来事と深く関係していると主張していることを紹介しておきたい。それは、前述したシカゴ大学のジョン・ミアシャイマー教授による批判である。彼は二〇二二年三月、The Economistに「ウクライナ危機の主要因は欧米にある」[6]とする意見を掲載する。そのなかで、彼が記述した一部を訳出してみよう。

「プーチンが戦争をはじめたこと、そしてその戦争がどのように行われているかに責任があることに疑問の余地はない。しかし、なぜそうしたかは別問題である。欧米では、彼は非合理的で、旧ソ連のような大ロシアをつくろうとする傍若無人な侵略者（out-of-touch aggressor）であるという見方が主流である。したがって、ウクライナ危機の全責任は彼一人が負うことになる。

しかし、この話は間違っている。欧米、とくに米国は、二〇一四年二月にはじまった危機の主な責任を負っている。それがいまや、ウクライナを破壊する恐れがあるだけでなく、ロシアとNATOの核戦争にまでエスカレートする可能性を秘めた戦争にまで発展してしまったのである。」

このミアシャイマーは、この論考でも、二〇一四年二月のウクライナの親ロシア派指導者を倒した出来事をはっきりと「クーデター」と記している。それだけ重大な事件を引き起こしておきながら、「しかし、いったん危機が始まると、米国や欧州の政策立案者は、ウクライナを西側諸国に統合しようとして危機を誘発したことを認めるわけにはいかなかった」と、ミアシャイマーは指摘している。そのうえで、「彼らは、問題の真の原因はロシアの報復主義と、ウクライナを征服しないまでも支配しようとする欲望にあると断じたのだ」としている。ここで、「報復主義」と訳したのは、revanchismのことで、失われた領土に対する復讐ないし再獲得をねらった外交政策を意味している。ミアシャイマーのこの指摘は、欧米政策立案者のいい加減さ、無責任、無能、横暴を摘出したものといえる。だからこそ、関係者はマスメディアを含めて二〇一四年二月のクーデターを隠蔽しようとしてきたのだ。そして、彼らはいま、ウクライナ戦争の背後にあるネオコンの横暴を隠蔽しようとしている。

3　米国の掌の上のウクライナ

二〇一四年のウクライナ危機の重要性を少しはわかってもらえただろうか。ここからは、拙著『ウクライナ3.0』で解説した内容を中心にして、二〇一四年以降のウクライナについて説明してみたい。

まず、大切な視点として理解してほしいのは、ヤヌコヴィッチを追い出したことで、米国政府はウクライナを事実上、自らの掌の上で転がしはじめたという点だ。単刀直入に記せば、米国はウクライナを「植民地化」しようとする。少なくとも政治・経済上の影響力を強め、親米的な政権を確固たるものにすることで、ユシチェンコの失敗を繰り返さないようにしようと努めるのである。

それだけではない。ウクライナへの軍事支援を継続し、いつの日か、クリミア半島をロシアから奪還し、ドンバス平定を実現し、さらにウクライナのNATO加盟まで達成しようともくろむのである。それが、ロシアに対する復讐を意味していたことになる。

ミンスク合意をめぐるメルケル元首相の発言

あまり詳しく説明すると退屈かもしれないので、ここでは二〇一四年以降に起きた重大問題を一つだけ説明したい。二〇一五年に成立した「ミンスク合意」と呼ばれる、ドンバス地域の和平問題についてである。

ミンスク合意は、二〇一四年九月の第一次ミンスク協定と、それによる停戦が崩れ、二〇一五年一月のドネツク空港をめぐる攻防戦の後に結ばれた第二次ミンスク協定（「ミンスク２」）からなっている。しかし、この合意の履行こそ、ドンバス和平実現そのものであったにもかかわらず、ついに実現されることなくウクライナ戦争が勃発してしまう。

ミンスク合意について、政界を引退したアンゲラ・メルケル元ドイツ首相が、二〇二二年一二月七日、ドイツの『ツァイト』誌に掲載されたインタビュー[7]のなかで、「二〇一四年のミンスク合意は、ウクライナに時間を与えるための試みだった。また、ウクライナはより強くなるためにその時間を利用した」とのべたことがロシアにおいて大きな波紋をよんでいる。

なぜかといえば、これが事実とすれば、ドンバス和平を実現するために結ばれたミンスク合意がロシアに和平を実現すると見せかけて時間稼ぎをするための手段にすぎず、その間にウクライナ側の軍事増強がはかられていたことになるからだ。そして、二〇二一年春以降、ウクライナ側からロシアへの挑発を活発化し、ロシアを戦争に駆り立てたのではないか、との憶測が真実味を帯びることになる。

いわば、プーチンはミンスク合意の実現を誠実に信じていたのに、この合意を結んだ当事者およびそれを見守ったドイツやフランスの首脳は、あくまで時間稼ぎのために合意したにすぎないことになる。プーチンはだまされていたという結論になりかねない。

この発言を聞いたプーチンは一二月九日、「正直なところ、私にとってはまったく予想外の出来事だ。残念な結果になってしまった。前連邦首相からこのような話を聞くとは、正直言って思っていなかった」とのべた。「私は常に、連邦共和国の指導者が我々に対して誠実に行動しているという前提で話を進めてきた」というプーチンにとって、ミンスク合意を保証したドイツ、フランス、そしてウクライナおよび裏で糸を引いていた米国にだまされたといいたいのかもしれない。

「ミンスク合意」から読み解く

メルケル発言の真意を読み解くには、「ミンスク合意」について説明するところからはじめなければならない。拙著『ウクライナ 3.0』では、つぎのように説明しておいた（八二頁）。

「ミンスク合意は、二〇一四年九月と二〇一五年二月に締結された。二〇一四年の合意には、ロシア主導の軍が大規模な戦闘でウクライナ政府軍とボランティア軍を破った数日後に署名された一二項目のミンスク議定書（二〇一四年九月五日付）と、停戦と国際監視団のための措置をまとめたフォローアップのミンスク覚書（九月一九日付）が含まれていた。ミンスク議定書は、戦闘を終わらせることも、紛争の政治的解決を促すこともできなかった。ウクライナとロシア、そしてフランスとドイツの指導者たちは、再び大規模な戦闘が発生した二〇一五年二月に再び会合を開き、「ミンスク2」と呼ばれるより詳細な「措置パッケージ」（「ミンスク協定遂行措置」）を策定した。プーチン、ポロシェンコ、メルケル、オランドは二〇一五年二月一二日に採択・署名した同措置を承認した。」

「「ミンスク2」は、ロシア、ウクライナ、欧州安全保障協力機構（OSCE）の代表者（いわゆる三カ国間コンタクトグループのメンバー）がウクライナ東部のロシア代理当局とともに署名したものである。同合意はノルマンディー四人組（またはノルマンディー方式）と呼ばれるより広範な国際グループによって支持されている。フランス、ドイツ、ロシア、ウクライナの四カ国がそれである。なお、米国の名前がないのは、ウクライナのポロシェンコ政権の背後で、米国政府が事実上、これを指導していたためである。」

この「ミンスク2」の一一項目では、地方分権を含む憲法改正と、ドネツクとルハンスクの特定地域の特別な地位に関する恒久的な法律を、非政府支配地域の代表と合意して制定することが定められた。一二項目には、ドネツクとルハンスクの特定の地域で、それらの地域の代表者との合意の下、OSCEの基準に従って地方選挙が実施されることも決まった。

「ミンスク2」がまとまった背景には、ウクライナ側の敗走があったことは間違いない。『ウクライナ3.0』では、二〇一五年一月、ドネツク空港を失った後、「さらに、数週間後、ドネツク州とルハンスク州の境にあるデバリツェヴォでの戦争が激化、ウクライナ軍は撤退する。このころに結ばれたのが第二次ミンスク協定（「ミンスク２」）だ」と書いておいた。つまり、ウクライナ側としては、妥協しなければ、みすみすドンバスを失いかねないほどの痛手を負っていたのである。だからこそ、最初に紹介したインタビューのなかで、メルケルは、「二〇一五年初頭のデバルツェヴォの戦闘が示したように、そのときプーチンは簡単に奪取できたはずだ」とまでのべている。

つまり、ウクライナの大幅譲歩として結ばれた「ミンスク合意」であったから、それを実現しようとすると、国内の過激なナショナリストの猛反発を受けることになる。彼らからみると、このミンスク合意はドンバス地域がウクライナから分離することを意味し、決して受け入れられない内容であったのだ。だからこそ、ミンスク合意を履行しようとすると、ウクライナ国内の過激なナショナリストが公然と反対運動を展開したのである。

「シュタインマイヤー方式」への疑念

ミンスク合意が「時間稼ぎ」のために結ばれたものであったとすると、ミンスク合意の具体的な履行への前進とみられていた、いわゆる「シュタインマイヤー方式」もまた、最初から実現を前提としていなかったことになるのだろうか。

説明しよう。二〇一五年の「ミンスク2」はなかなか実現に向かわなかった。そこで、当時、ドイツの外相だったフランク＝ヴァルター・シュタインマイヤー（二〇一七年二月から大統領）は、ウクライナによるドンバスの特別地位の承認と欧州監視下のドンバスでの完全選挙を前提とする「シュタインマイヤー方式」を提唱する。

二〇一九年一〇月一日、三カ国間コンタクトグループ（ウクライナ、未承認のドネツク人民共和国［DNR］とルハンスク人民共和国［LNR］、ロシア、仲介役のOSCEの代表者）は、ミンスクにおいて、「シュタインマイヤー方式」に合意する。この合意は、同年一二月のノルマンディー四カ国首脳会議（ロシア、ウクライナ、フランス、ドイツ）の一環として行われたプーチンとゼレンスキーの初会談のモスクワ側の主要条件であった。

実は、この合意は簡単なものではなかった。『ウクライナ3.0』に書いたように、この合意は、九月一八日の三カ国間コンタクトグループ会議で署名されることになっていたが、ウクライナを代表して参加しているレオニード・クチマ元ウクライナ大統領は、この文書がウクライナのマイダン革命を再び引き起こすかもしれないとして、署名を拒否したのだ。そして、やがてこれが現実となり、キーウのマイダン広場にドンバス地域をウクライナから分離しかねない動きに反対する勢力が集結する事態を招くのである。

すなわち、一〇月六日には、ウクライナの二〇都市で、「シュタインマイヤー方式」への合意に反対する抗議デモが開催される。キーウ中心部では、約一万人規模の最大のデモが行われた。この動きこそ、ミンスク合意をロシアへの譲歩とみなし、あくまでクリミア奪還をめざす超過激なナショナリストがその気になれば、再びクーデターを起こし、現政権を崩壊させるだけの力をもっていることを示したものだったのである。

ナショナリストはその後もますます力をつけ、暴力による奪還さえ目論むようになるのだ。ウクライナのこうした内情にもかかわらず、この合意をもとに、二〇一九年一二月九日、パリでノルマンディー四カ国首脳会議（ゼレンスキー、プーチン、メルケル、マクロン）がドンバス和平の共同合意[8]に達する。だが、案の定、この合意にある「二〇二〇年三月末までに軍と資産を切り離すことを目標に、三つの追加切り離し地点についてコンタクトグループ内で合意することを支援する」といった目標は達成されず、「合意事項が確実に実行されるように外務大臣や政治顧問に依頼し、地方選挙の実施を含めた政治・安全保障上の条件を協議するために、四カ月以内にこの形式で再会することに合意する」という文言は実現しなかった。

それは、シュタインマイヤー方式を前提とするドンバス和平共同合意が、まったくの「でまかせ」であったことを意味するのだろうか。

米国の影を追え

この問題を解くには、ドンバス和平に表立って登場しない米国政府の影を追う必要がある。そのために参考になるのは、ロシア科学アカデミー欧州研究所ドイツ研究センター長のウラジスラフ・ベロフの見方[9]である。彼は、前述のメルケル発言についてつぎのようにのべている。
「彼女はいま、欧米のマスコミから、この発言でモスクワに贈り物をしたと非難されている。悔い改めないかと迫られている。間接的には、『アンゲラ、私たちは皆、ロシアの熊に対抗してここに集まっているのに、あなたは拒否している』と聞こえる。しかし、彼女は一体何を言ったのか？　私、メルケルが二〇一三年一一月に想定した紛争を解決しようとしたが、その後、調停を許されず、二〇一五年にそのような解決策を提案したのに、失敗したこと。そういうことだ。メルケル首相が世界の運命を悟ったのは、二〇二一年八月、お別れツアーでゼレンスキーに会った後だった」

ベロフによれば、メルケルは二重基準をもたない誠実な政治家である。その彼女が約一年にわたる沈黙を破って、一連のインタビューで語ろうとしている真意に気づかなければならない。ドイツではすでに彼女を黙らせ、局面を縮小させようとしているようにみえる。だが、「二〇一四年のミンスク合意は、ウクライナに時間を与えるための試みだった」とあえて発言したメルケルには、二〇一三年一一月の段階から、メルケルによるロシアとウクライナとの調停活動を妨げる「大きな力」が働いていたことを示唆したい想いがあるのではないか。当時のバラク・オバマ大統領や、ウクライナを担当していたジョー・バイデン副大統領、同地域の直接の担当者ヴィクトリア・ヌーランド国務省次官補がこの「大きな力」そのものであったのではないかと想像される。

二〇一三年一一月のウクライナ情勢

ここで、二〇一三年一一月のウクライナの情勢を思い出してみよう。すでに説明したように、当時のヴィクトル・ヤヌコヴィッチ大統領はウクライナ経済の立て直しという難問をかかえていた。そこで、プーチンが助け舟を出した。ただし、それは、二〇一三年一一月にヤヌコヴィッチがEUとの広範囲な政治・自由貿易協定への署名を断念したことの見返りであったとみられている。こうしたヤヌコヴィッチのロシアへの接近が反政府勢力によるヤヌコヴィッチ政権打倒への勢いを強め、一一月二四日には武力衝突まで起きている。だからこそ、メルケルは調停に乗り出そうとしたのだが、それを押しとどめる「力」があった。

それこそ、当時米国務省次官補だったヴィクトリア・ヌーランドである。彼女はウクライナのナショナリストを反政府勢力として支援し、ヤヌコヴィッチを追い落とそうと仕組んでいたのだから、メルケルの調停は無用であった。

ヌーランドは先に紹介した「ファックEU」という発言にみられるようにEUを著しく軽視していた。このEU軽視の姿勢こそ、メルケル排除につながったのである。EUを小ばかにしたネオコンは、ウクライナ問題へのメルケルによる「干渉」を許さなかった。それからずっと、ウクライナは米国政府の掌の上に置かれることになるのだ。

ネオコンは、過激なナショナリストを煽動して彼らが親ロシア派とみなすヤヌコヴィッチを政権から追い出すことに成功した。しかし、ナショナリストによるロシア系住民への暴力がプーチンの干渉を引き起こし、クリミア併合という思いもかけない事態になる。だからこそ、ネオコンはドンバスでの紛争をきっかけにロシアとの戦いを通じて、ドンバスだけでなくクリミアの奪還をもめざすようになるのだ。

そのためには、ウクライナにおける過激なナショナリストは米国政府にとってなくてはならぬ存在となる。このため、ペトロ・ポロシェンコ大統領という親米政権が誕生しても、彼らの武装解除は不徹底で、二〇一四年春の暴動の責任も問われなかった。その結果、米国政府はいつでも彼らを利用して、再びマイダンでひと騒動起こすことができたのである。その証拠が前述した二〇一九年一〇月六日の大規模デモということになる。

米国政府の重い責任

このようにみてくると、「二〇一四年のミンスク合意は、ウクライナに時間を与えるための試みだった」というメルケルの発言は、ミンスク合意そのものを裏で操っていた米国政府がこうした「時間稼ぎ」にコミットしてきたことを暗示しているように思えてくる。

メルケル自身が最初からこの「時間稼ぎ」策に気づいていたのか、それとも、シュタインマイヤー方式の提案時点でも気づいていなかったのかは判然としない。紹介したベロフは、シュタインマイヤー方式が提唱されたころまでは、メルケルは誠実にミンスク合意を履行させようとしていたとみなしている。いずれにしても、メルケルはある時点で、米国の「時間稼ぎ」という目論見に気づく。そして、米国政府がロシアと戦争をしたがっている事実に呆然とするのである。それは、二〇二一年八月以降のことだった、とベロフはみている。

ここまで書いたことが的を射ているならば、やはりウクライナ戦争のはじまりを二〇二二年二月二四日のロシアによるウクライナ侵攻にみるのは早計であることがわかる。ストックホルム東欧研究センターの研究員アンドレアス・ウムランドは、同年一〇月三日にハーバード大学のサイトに公開した記事[10]のなかで、「八年半前にはじまった戦争は、ロシアが大量破壊兵器をもち、ウクライナがもっていないために、このような形で進行している」と書いている。ウクライナ戦争が二〇一四年にはじまったとみなしているのだ。もっとも、彼はその「はじまり」においても「ロシア悪人説」をとっているのだが、それについては、彼は明らかに間違っている。本書で説明してきたような米国によるウクライナのナショナリスト支援という事実を知らないか、無視しているのである。

複数の悪に気づけ

みなさんに知ってほしいのは、複数の悪があるという問題だ。私は拙著『復讐としてのウクライナ戦争』の第一章の注において、笠井潔著『煉獄の時』を紹介し、そのなかの記述、すなわち、「二つの悪のどちらかを選ばなければならない場合には、より小さな悪を選ぶしかない」が「私の心をいまでも離さない」と書いておいた。

プーチンの悪はあまりにも明らかだ。それに対して、侵攻を受けたウクライナや米国が善ということには決してならないことにくれぐれも注意してほしい。大切なことは、複数の悪の存在に気づき、複数の悪に対してどう対処するかを真摯に問うことである。複数の悪に序列をつけ、極悪人であるプーチンを非難するのは当然だが、だからといって、ほかの悪を善とみなしてはならないのだ。より小さな悪にも目を瞑らないようにしなければ、結局、悪はびこりつづけるだろう。その悪の一つがネオコンなのである。

ところが、バイデン政権の中枢そのものがネオコンで占められている現在、彼らの悪をなかなか真正面から批判することすらできないというのが欧米のマスメディアの実態ではないか。それは、政治家や学者も同じだ。つまり、情報発信者も情報媒介者も「真実」を伝えないようにしている。こうした彼らのディスインフォメーション工作に気づいてほしい。

4　民主主義の輸出のために戦争を厭わない「ネオコン」

ここで、すでに紹介したサックスの書いた小論「ウクライナは最新のネオコン災害である」[11]

るのだから、その内容を知らなければなるまい。

その出だしは、「ウクライナ戦争は、アメリカ新保守主義運動（American neoconservative movement）の三〇年にわたるプロジェクトの集大成である」というものだ。この新保守主義こそ、「ネオコン」と呼ばれる主張を指している。その中身については、拙著『ウクライナ2.0』や『プーチン3.0』、『ウクライナ3.0』のなかで何度も解説しているが、サックス自身はその主要メッセージとして、「米国は世界のあらゆる地域で軍事的に優位に立たなければならず、いつの日か米国の世界または地域の支配に挑戦する可能性のある地域の新興勢力、とくにロシアと中国に立ち向かわなければならない、というものである」と説明している。

このネオコンの源流については、一九七〇年代にシカゴ大学の政治学者レオ・シュトラウスとイェール大学の古典学者ドナルド・ケーガンの影響を受けた数人の知識人のグループを中心に発生したとしている。前者は一九三七年に米国に移住したドイツ生まれのユダヤ人であり、後者はリトアニア生まれのユダヤ系で、幼少期に米国に移住した。ネオコンの指導者には、ノーマン・ポドレツ、アーヴィング・クリストル、ポール・ウォルフォウィッツ、ロバート・ケーガン（ドナルドの息子）、フレデリック・ケーガン（ドナルドの息子）、ヴィクトリア・ヌーランド（ロバートの妻）、エリオット・アブラムズ、キンバリー・アレン・ケーガン（フレデリックの妻）などがいる。

注意喚起しておきたいのは、キンバリー・ケーガンこそ、いま話題の戦争研究所の創設者で、代表を務めているという事実についてである。ウクライナ戦争の分析をネオコンそのものが行っているのである。これでは、中立的な分析はできないのではないかと疑わなければならない。にもかかわらず、戦争研究所の情報に頼り切った正確とは思えない情報がマスメディアによって世界中に拡散していることに注意しなければならない。

マスメディアはその情報源について、十分に調べたうえで報道しているわけではない。うかうかしていると、マスメディアの情報にだまされてしまうことを肝に銘じてほしい。

サックスは、「バイデン政権は、セルビア（一九九九年）、アフガニスタン（二〇〇一年）、イラク（二〇〇三年）、シリア（二〇一一年）、リビア（二〇一一年）でアメリカが選択した戦争を支持し、ロシアのウクライナ侵攻を誘発するために多くのことを行ったのと同じネオコンで占められている」と指摘したうえで、「ネオコンの実績は容赦なき失敗のひとつだが、バイデンは自分のチームをネオコンで固めている」という。さらに、「その結果、バイデンはウクライナ、米国、そして欧州連合を、またもや地政学的大失敗へと向かわせようとしている。もしヨーロッパに洞察力があれば、このような米国の外交政策の大失敗から自らを切り離すだろう」とまでのべている。

つまり、サックスはウクライナ戦争をプーチンがはじめた戦争という結果からだけではなく、その戦争にまで至った経緯について、その関心を寄せているのだ。

ウクライナを戦場にしたネオコン

前述したウォルフォウィッツは一九九二年の段階で、一九九〇年にドイツのハンス・ディートリヒ・ゲンシャー外相が、ドイツの統一に続いてNATOの東方拡大を行わないことを明確に約束したにもかかわらず、米国主導の安全保障ネットワークを中・東欧に拡大することを求めていたことがわかっている。

さらに、『プーチン3.0』や『ウクライナ3.0』で紹介したように、一九九三〜九四年当時、米国家安全保障会議のスタッフだったサンディー（アレクサンダー）・ヴェルシュボフ、ニック（ニコラス）・バーンズ、ダン（ダニエル）・フリードは「NATO拡大へ向けて」というロードマップを描いていた。三人は一九九四年一〇月四日付の「NATO拡大へ向けて[12]」をもとに、一〇月一二日付の「NATO拡大へ向けて[13]」を完成させる。最初の草稿にはなかった「ウクライナ、バルト諸国、ルーマニア、ブルガリアに加盟の門戸を開き、すべての候補者が同じ原則を満たす必要があることを強調する」という項目が加えられているのが特徴だ。

それだけではない。ネオコンは二〇〇八年にジョージ・W・ブッシュの下で米国の公式政策となる以前から、ウクライナへのNATO拡大を唱えていた。二〇〇六年四月三〇日付の「ワシントン・ポスト[14]」で当時、定期的に寄稿していたロバート・ケーガンは、「西側民主主義諸国が推進し、支援したウクライナの自由化の成功は、同国をNATOやEUに編入するための前段階、つまり西側の自由主義覇権の拡大ではないだろうか？」と書いた。これは、二〇〇五年にウクライナに誕生した親米のヴィクトル・ユシチェンコ大統領に味をしめてウクライナをNATOやEUに加盟させようとしていたネオコンの野望を示している。

ネオコンは、ロシアが自国の防衛のために、また、自国の帝国主義を誇示するために、ウクライナのNATO加盟を阻止しようとしてきたことを熟知していた。しかし、ネオコンは米国の「覇権」を求め、ウクライナの中立化ではなく、あくまでNATO側に引き入れようとしたのである。そのための工作を担ったのがロバートの妻、ヌーランドなのである。

リベラルな覇権主義者批判：ミアシャイマー

ネオコンという言葉を使わなくても、ネオコンを含むリベラルな覇権主義者を批判することもできる。これは、前述のミアシャイマーの主張だ。彼はその著書において、リベラルな覇権主義について丁寧に論じている。リベラリズムとは、「自由主義」と訳されることもあるが、長く使われているうちに、手垢に塗れて意味が判然としなくなった言葉である。

ミアシャイマーは、リベラリズムを「政治的リベラリズム」とみなして、「政治的リベラリズムとは、その核心が個人主義であり、不可侵の権利という概念を非常に重要視するイデオロギーである」としている。彼は、この権利への関心が、地球上のすべての人が同じ権利を持つという普遍主義の基礎となり、リベラルな国家が野心的な外交政策を追求する動機となると指摘している。

彼の見立てでは、政治的リベラリズムは、政治や社会の根幹に関わる問題については、時として個人の意見が大きく異なることがあるため、そのような争いが暴力的になりそうな場合には、秩序を維持するための国家が必要であるという前提のもとに成り立っている。また、リベラルは寛容を重視し、基本的な意見の相違があっても互いに尊重し合うことを規範とする。しかし、これらの点で一致する一方で、リベラル派はいくつかの根本的な違いで分裂しているという。

すなわち、生存主義的リベラリズム（modus vivendi liberalism）と進歩主義的リベラリズム（progressive liberalism）と呼ばれる二種類があるとする。生存主義的リベラルは、権利の概念をほぼ独占的に個人の自由、つまり、政府の干渉を恐れずに行動する自由という意味で捉えている。言論の自由、報道の自由、財産を持つ権利などはその代表例だ。政府は、これらの自由を、より広い社会の内部から、あるいは外部からの脅威から守るために存在するのである。

これに対して、進歩主義的リベラルは、消極的権利と呼ばれる個人の自由を重視するが、政府によって積極的に推進される一連の権利にも深くコミットしている。たとえば、誰もが機会均等を得る権利を持っており、それは政府の積極的な関与によってのみ達成されると考えている。生存主義的リベラルは、この積極的権利の概念に強く反対している。

ミアシャイマーは、この個人の権利に関する議論が生存主義的リベラリズムと進歩主義的リベラリズムの第二の重要な違いにつながるとしている。それは、家庭の平和を守ること以上に、国家が果たすべき役割について大きく異なる点である。生存主義的リベラルは、個人の自由を守ることを重視し、積極的権利に懐疑的であることから、国家はできるだけ社会に関与すべきではないと主張する。これに対して、進歩主義的リベラルは国家の関与を認め、国際政治の場での介入主義につながっている。将来もっと良くなるという進歩主義の理念が国家による介入を肯定するのである。

問題は、この進歩主義的リベラリズムが米国をリードし、国際情勢のもとでの介入主義を広げてきた点にある。その典型が二〇一四年のクーデターへの米国政府の関与であり、二〇二二年のウクライナ戦争勃発を促したともいえる米国政府のウクライナ政府への軍事支援であったのだ。米国政府の世界に広がる権益を維持するためなら、戦争さえ厭わないというのがこの進歩主義的リベラリズムなのである。

本来なら、大国はもっと自制しなければならない。にもかかわらず、大国の論理を優先させて戦争をしてまで自国の権益を守ろうとする進歩主義的リベラリズム、それがリベラルな覇権主義ということになる。このリベラルな覇権主義が今後も米国政府の外交戦略の基軸でありつづけるとすれば、それはまだまだ戦争を各地に引き起こすだろう。そうであるならば、この進歩主義的リベラリズムという「悪」に私たちは立ち向かわなければならないのだ。

5　民主的でない民主国家の真実

みなさんはいま、日本という民主主義国家に住んでいることをどう思っているだろうか。とても誇らしく思っているのだろうか。

私は違う。民主国家はどうやら民主主義に基づく民主的な選挙を通じて国民の代理人を選び、その選ばれた代理人が法律をつくったり、行政サービスをしたりするらしい。しかし、その民主主義は正確な情報や透明性の高い情報に基づいて、国民が代理人をしっかりと見極めることができるという前提のもとでしか機能しない。

この章で紹介したように、日本でも、あるいは米国でも、欧州諸国でも、本当はウクライナ戦争の背景が十分に報道されているわけではない。だからこそ、ロシアのプーチンだけが「極悪人」だとする見方が広まっているようにみえる。たとえば、「日本経済新聞」（二〇二二年二月一八日付）に「プーチン氏、対米不信の淵源　一五年前に切れた堪忍袋」[15]という記事がある。記事を書いた池田元博編集委員は、「米国の国際規範を無視したイラク攻撃などを批判していたプーチン氏は、二〇一四年に自ら国際秩序を乱し、軍事的な圧力でウクライナ領クリミア半島を併合した」と書いている。どう読んでも、プーチンだけを批判している。二〇一四年に起きた出来事の端緒をまったく無視して、「ロシア悪し」で凝り固まっている。その延長線上で、ふたたび、いまのプーチンへの批判を展開している。こんな見方しかできない人物の主張自体に耳を傾ける価値はない。結果主義ではなく、非結果主義の立場からみると、米国のネオコンないしリベラルな覇権主義者にウクライナ戦争に対する相当大きな責任があるのは間違いないのだから。

情報に大きな偏りがあるにもかかわらず、その情報開示不足に気づかないまま、自らを民主国家であるなどと誇れるものだろうか。

あきれるばかりのG7の言い草

二〇二二年六月二八日に公表された主要七カ国首脳会議（G7）のコミュニケの冒頭部分には、「法の支配を遵守する開かれた民主主義国家として、私たちは共通の価値観に基づき、ルールに基づく多国間秩序と普遍的人権へのコミットメントによって結ばれている」と書かれている。これを読んで、ずいぶん勝手な言い分をぬけぬけと書いていると感じるのは私だけだろうか。

まず、「法の支配」（rule of law）を遵守するとあるが、本当か。ロシアによるウクライナ侵攻後、相次いでいる米国や欧州諸国主導の対ロ制裁は本当に「法の支配」のもとで実施されたといえるのだろうか。今後、問題になるのは、ロシアという国家の資産、ロシア企業やロシア人の私的財産を押収・没収する件だ。これらの資産を凍結するだけであれば、その所有権は変わらないが、国家の公的資産やロシアの法人・個人の私的財産まで押収・没収するとなると、これは既存の法律に抵触するのではないか。各国の「法の支配」の遵守が問われているのである。

Ｇ７参加国は自らを民主主義国家と位置づけているようである。だが、民主国家というのであれば、対ロ制裁の反作用として被害を受ける各国国民に了解を受ける必要があるだろう。だが、現状では、各国の既存の政治家がまったく恣意的な政治判断で勝手に制裁を決めている。各国国民に多大な悪影響がおよぶにもかかわらず、そうした制裁の是非を問うことは避けられている。こうした事態は民主主義といえるのか。

そもそも、今回の戦争はプーチンだけを悪者にして糾弾すれば、それで問題を解決することになるのか。戦争の原因はどこにあるのか。民主主義を大切にするのであれば、こうした疑問について議論することが必要だろう。だが、民主国家を標榜するにもかかわらず、そうした議論をきちんと展開している国はまったく見当たらないのではないか。

国家の嘘と、それを拡大するマスメディア

ここで、ジャーナリストであるロバート・カプランがその著書『地政学の復讐』（The Revenge of Geography）のなかで、「民主主義国家だからといって、その国の外交政策が独裁国家よりも必ずしも優れている、あるいは賢明であるということにはならない」と的確に指摘

していることを紹介したい。この文の後において、政治学者ハンス・モーゲンソー著『国家間の政治：権力と平和のための闘い』で「民衆の感情を喚起する必要性は、外交政策そのものの合理性を損なわないはずがない」と記述されている部分が紹介され、「民主主義と道徳は同義語ではない」と断じている。

肝に銘ずる必要があるのは、カプランのつぎの記述だ。「国内政治は法律によって規定され、合法的な政府が武力の行使を独占しているが、世界全体としてはまだ自然状態にあり、不正を罰するホッブズのリヴァイアサンは存在しないことである」というのがそれである。ゆえに、G7で何を決めようと、その言い分に民主主義も道徳律も反映されていないと警戒したほうがいいのである。

モーゲンソーのような透徹した現実主義者は、国際関係が国内問題を支配している現実よりも、より限定された現実によって支配されていることを知っている。わかりやすくいえば、いま現在の覇権国家アメリカ合衆国（米国）の言いなりになるしかない現実がいまのG7（米国を除くとG6か）であり、そのコミュニケは米国主導の一方的な見方が記されているだけなのである。

残念ながら、こうした現実を知りながら、あるいは知らずに、各国マスメディアは本書で指摘しているような基本的事実について懇切丁寧に説明しようとはしない。むしろ、米国に言いなりのG7の実態にはふれないまま、G7の結束が強いかのような報道をする。

こうして現実は歪められてしまうのだ。マスメディアがその歪みを補強・拡大しているのである。みなさんがだまされないようにするためには、まず、こうしたマスメディアのやり口を知らなければならない。

注

1 https://www.youtube.com/watch?v=twWOyaY-k6o
2 https://www.youtube.com/watch?v=5SBo0akeDMY
3 https://www.youtube.com/watch?v=ZEgJ0oo3OA8
4 https://www.jeffsachs.org/newspaper-articles/m6rb2a5tskpcxzesjk8hhzf96zh7w7
5 https://www.imf.org/en/News/Articles/2015/09/14/01/49/pr10305 を参照
6 https://www.economist.com/by-invitation/2022/03/11/john-mearsheimer-on-why-the-west-is-principally-responsible-for-the-ukrainian-crisis
7 https://www.zeit.de/2022/51/angela-merkel-russland-fluechtlingskrise-bundeskanzler/komplettansicht
8 https://www.president.gov.ua/ru/news/zagalni-uzgodzheni-visnovki-parizkogo-samitu-v-normandskomu-58797
9 https://expert.ru/expert/2022/50/angela-merkel-strannyye-zayavleniya-naschet-minska/
10 https://hir.harvard.edu/talking-strategically-about-the-russia-ukraine-war/
11 https://www.jeffsachs.org/newspaper-articles/m6rb2a5tskpcxzesjk8hhzf96zh7w7

12 https://www.archives.gov/files/declassification/iscap/pdf/2016- 140-doc05.pdf
13 https://www.archives.gov/files/declassification/iscap/pdf/2016-140-doc07.pdf
14 https://www.washingtonpost.com/archive/opinions/2006/04/30/league-of-dictators-span-classbankheadwhy-china-and-russia-will-continue-to-support-autocraciesspan/5948eda4-ccde-46d7-8655-9ae991d0bf6f/
15 https://www.nikkei.com/article/DGXZQOCD16AFC0W2A210C2000000/

第三章　ウクライナ側の情報に頼りすぎるな

1　アムネスティ・インターナショナルが伝える真実

この章では、ウクライナ発の情報を鵜呑みにしてはならないという話をしたい。第一章で説明したように、私たちの身の周りには、ディスインフォメーションという意図的で不正確な情報で満ちている。それは、日本発や米国発の情報でも、ロシア発やウクライナ発の情報でも同じだ。そこで、第三章では、ウクライナ発の情報について、注意喚起をしたい。

悲惨な情景の裏側

二〇二二年二月二四日以降、毎日のようにウクライナの惨状がテレビから伝えられるようになった。とくに、学校や病院、民間の集合住宅などがロシア側から発射されたとするミサイルで無残に破壊された姿をみると、心が痛む。

だが、私には気になることがある。それは、ゼレンスキーはウクライナ戦争がはじまる前からゼレンスキー政権を批判するマスメディアを抑圧する政策を公然ととっていた事実に関係している。戦争開始の一年も前の二〇二一年二月一九日、ゼレンスキー大統領の息のかかったウクライナ国家安全保障・国防評議会（ＮＳＤＣ）はメドヴェドチュク（プーチンの親友で、親ロシア派の重鎮）とその妻、および多数の関連する個人と団体に制裁を科す。その理由は、テロ資金調達への関与である。制裁は三年間有効で、メドヴェドチュクと妻（オクサナ・マルチェンコ）の資産を封鎖することなどが想定されていた。同月、ゼレンスキーは、野党議員タラス・コザックと彼のテレビチャンネル「112 Ukraine」「ZIK」「NewsOne」に対する制裁を科すというＮＳＤＣの決定を施行し、その後放送を停止する。

こうして、ゼレンスキーは敵対するマスメディアを潰しにかかる。ウクライナ戦争が勃発すると、ゼレンスキーは、二〇二二年三月一八日に採択されたＮＳＤＣの決定「国家の情報セキュリティに対する脅威の無力化について」にかかわる大統領令を出す。前者は、「ウクライナの防衛」および「戒厳令の法的体制について」の法律に従い、戦争状況下でのデジタル放送の長期運用を確保することを決めたものである。後者は、戒厳令下において統一情報政策の実施を国家安全保障の最優先事項とする立場に基づき、「One News #UArazom」（戦略的コミュニケーションのための単一の情報プラットフォーム）での情報分析コンテンツ提供を決定したものだ。これに並行して、すべての情報チャンネルに対して、二四時間体制での「One news #UArazom」の放送を保証させている。つまり、当局が情報統制に乗り出したことになる。

もちろん、テレビから流れる悲惨な光景のほとんどは「フェイク」ではない。だが、何の説明もなしに流されるニュース映像をそのまま信じていいものなのだろうか。私は、ウクライナ公共放送の流すニュースを常に疑わしい目でみている。なぜなら、ゼレンスキー政権にとって好ましい情報を流すのが公共放送の役割であるからだ。悲惨な映像を海外まで流し、ウクライナ支援の輪を広げ、ウクライナへの武器供与を促すというねらいが透けてみえてくる。

アムネスティ・インターナショナルの批判

二〇二二年八月四日、世界的な人権団体として有名なアムネスティ・インターナショナル（AI）は「ウクライナ：ウクライナの戦闘戦術は一般市民を危険にさらす」[1]というニュースリリースを公表した。それによると、「二月に始まったロシアの侵攻を撃退したウクライナ軍が、学校や病院を含む人口の多い住宅地に基地を設置し、兵器システムを運用することによって、一般市民を危険にさらしている」としている。

つまり、ウクライナからの映像を何となくみていると、ロシア軍は学校や病院にまでミサイル攻撃していて「血も涙もない冷酷非道な連中だ」という印象をもつだけかもしれない。ところが、ウクライナ軍があえて病院、学校、住宅に兵士を送り込み、そこを基地のように使用していたとすれば、ロシア軍のミサイル攻撃が冷酷非道なものとまでは思わないだろう。むしろ、ロシア軍の攻撃を誘発するかもしれない状況を自らつくり出し、ウクライナの民間人や子どもを危険にさらすことを厭わないウクライナ軍のやり方に大きな疑問をいだくのではないか。

ＡＩの研究者は四月から七月にかけて、数週間にわたり、ハリコフ、ドンバス、ミコライフ地域におけるロシアの空爆を調査した。この組織は、攻撃現場を視察し、生存者、目撃者、攻撃の犠牲者の親族にインタビューを行い、遠隔探査と武器分析を実施したものだ。これらの調査を通じて、研究者は、ウクライナ軍が地域の一九の町や村で、人口の多い住宅地内から攻撃を開始し、民間の建物に拠点を置いている証拠を発見したという。

兵士が身を寄せたほとんどの住宅地は、前線から何キロも離れていた。民間人を危険にさらすことのない、軍事基地や近くの密林、あるいは住宅地から離れた場所にある他の建造物など、有効な代替手段があったにもかかわらず、あえて住宅地に拠点を置いたのはなぜなのか。ＡＩは、「記録した事例のなかで、住宅地の民間建造物に身を寄せたウクライナ軍が、民間人に近くの建物から避難するよう求めたり支援したりしたことを知らない」とまで書いている。つまり、ウクライナ軍は民間人をあえて危険にさらしてまでして、民間の建物や学校、病院がロシア軍によって攻撃されている情景を流し、ウクライナ人や海外の人々に反ロシア感情を煽り、復讐心を盛り上げようとしてきたのではないかという大いなる疑いが濃厚なのだ。

現に、ＡＩの研究者は、ウクライナ軍が病院を事実上の軍事基地として使っているのを五カ所で目撃した。二つの町では、数十人の兵士が病院で休息し、歩き回り、食事をしていた。別の町では、兵士が病院の近くから発砲していたという。さらに、訪問した二九校のうち二二校で、ＡＩの研究者は、敷地内で兵士が活動しているのを見つけたか、現在または過去の軍事活動の証拠（軍服、廃棄された軍需品、軍の配給袋、軍用車両の存在など）を発見したという。

国際人道法は、すべての紛争当事者に、人口密集地内またはその近くに軍事目標を設置することを可能な限り避けるよう求めている。その他、攻撃の影響から民間人を保護する義務として、軍事目標付近から民間人を排除することや、民間人に影響を与える可能性のある攻撃について効果的に警告を発することなどがある。

にもかかわらず、ウクライナ側はこうした努力をしてこなかった疑いがある。ＡＩ報告に対して、ウクライナのオレクシー・レズニコフ国防相は、ロシアのいわれのない侵略とウクライナの自衛を同列に扱う試みは、「適切さを失った証拠であり、彼らの信頼性を損なう方法である」とのべたと、ウクライナのメディア[2]は伝えている。ゼレンスキー大統領も、ＡＩについて、「テロリスト国家に恩赦を与え、侵略者から被害者に責任を転嫁しようとしている」と批判した。だが、本当にウクライナ国民の側に立っているのなら、ゼレンスキーはウクライナ軍参謀総長を呼びつけて、ウクライナ軍の戦い方そのものを批判すべきなのである。

八月五日には、ＡＩのウクライナ事務所長オクサナ・ポカルチュクがこのリリースに抗議して辞職した。「侵略者に侵略されてボロボロになった国に住んでいない人には、防衛を非難する気持ちがわからないのでしょうね」とフェイスブック[3]に書き込んでいるのだが、残念ながらこのコメントは逆に、ウクライナにおける報道がいかに現地政権のために歪められているかを物語っている。だからこそ、ウクライナからの報道についてもロシアの報道と同じく、基本的に疑わなければならないのである。

AI報告をめぐる反響

ロシア側の報道も書いておこう。八月七日付のロシア側の報道[4]によると、この時点までに、ロシア国防省は、二月二四日のウクライナでの特別軍事作戦開始以来、少なくとも一五回、ウクライナ軍が民間物を軍事目的に使用し、民間人を人間の盾にしたと報告していたというのである。そのなかには、住宅や近隣の建物、学校、幼稚園、病院、産院、寺院、民事裁判所などが含まれていた。この一五回という数値が予想外に低く抑えられている分だけリアリティをもって聞こえてくる。

実は、「本当のこと」を指摘したＡＩへの猛烈な批判が起きた。八月一三日になって、ＡＩが外部の専門家に報告書の徹底的な検証を行わせる予定であることが明らかになった。事実を冷静に受け止めることができず、猛反発することで不都合なことを隠蔽しようとするウクライナ政府の姿勢がこんな政府を支援している欧米諸国にも飛び火し、きわめて不誠実な姿勢が世界中に広がっていることを、みなさんは知らなければならない。そして、そうした色に染まらないようにしてほしい。

八月七日、ＮＹＴは比較的冷静な分析記事[5]を公表している。それによれば、ウクライナ軍は、ロシアが東部のハリコフ市などの町や都市を長期間にわたって砲撃したため、適切に防衛するために近隣地域内に軍や大砲を配置せざるを得なくなったのだという。このため、同国軍の立場はますます危うくなっているそうだ。とくに大きな町や都市では、軍隊をどこに配置するかという選択肢が少なくなっている。そのため、仕方なく、ウクライナ軍は病院、学校などに配備するようになったというわけである。弁解がましいが、ともかく事実関係として、ウクライナ軍が学校、病院、住宅地にあえて軍を配備してきたことを認めている。

他方でNYTは、ウクライナが報道せず、その結果、欧米諸国の多くがまったく知らない話も伝えている。それは、ウクライナ側の兵士のひどさについてだ。「たとえば、ロシア軍が東部の都市リシチャンスクを占領する前、この都市に残っていた市民のなかには、その多くが親ロシア派で、ウクライナ側の守備に嫌気がさしていた」と書かれている。戦前のリシチャンスクの人口約一〇万人のうち、約三万人から四万人が残留していたなかで、ウクライナ軍はアパートなどの建物を共有していたのだという。つまり、いなくなった住居に入り込み、多くが「本当はウクライナ側に負けてほしいと願っている」民間人のなかにいたこともあったという。

戦争の実態

私は、二〇一五年から一六年に「戦争保険」なるものに三度加入したうえで、ロシアのチェチェン共和国に二回、その隣のダゲスタン共和国に一回出かけたことがある。当時は、いわばロシア国内で内戦が展開されていたのだが、自身の命を危険にさらしながら、戦争の恐怖を、身をもって体験したことがある（詳しい話は拙著『ウクライナ3.0』の一五六頁に書いたので、ここでは繰り返さない）。こうした経験をもつ私からみると、戦争では決して片方の言い分だけを信じてはならないのだ。

八月二四日、ロシアの国連常任代表ヴァシリー・ネベンズヤは、ウクライナがドンバスの住民に対して使用した対人地雷「レペストク」（Lepestok）をジャーナリストらに公開した。地雷はおもちゃと間違えて子どもを殺すことが多いため、ウクライナ当局にこのような兵器の使用を非難するよう呼びかけたという。だが、これはあくまでロシア側の言い分であり、信じてはならない。ただ、ＡＩの報告から類推すると、この訴えを虚偽と一刀両断にすることもはばかれる。ロシア側の報道[6]では、八月二二日、ドネツク人民共和国（ＤＰＲ）代表部が停戦体制管理調整合同センターに表明したところによると、レペストクによる犠牲者は四八人で、そのうち二人は子どもだという。ドンバスの居住区は、対人地雷を搭載したロケット弾でほぼ毎日砲撃されていると伝えている。

八月に公表された、非政府組織（ＮＧＯ）の世界連合であるクラスター弾連合（ＣＭＣ）による年次監視報告書[7]によると、二〇二二年上半期にウクライナで発生したクラスター弾による攻撃で、少なくとも六八九人の死傷者が報告されている。その攻撃の多くはロシア軍によるものだが、「ウクライナ軍は紛争中に少なくとも三回、クラスター弾を使用したようだ」と記されている。この情報もウクライナ当局にとっては不都合な情報なのだろう。興味深いことに、ＣＭＣの共同議長を務めているヒューマン・ライツ・ウォッチのサイト[8]では、この文章を書くためにアクセスした二〇二二年八月二六日の段階で「ウクライナ軍は少なくとも二回、クラスター弾ロケット弾を使用したようです」と誤った情報を平然と載せている。わずか一回の差でも誤魔化すだけの価値があると思っているのだろうか。

　これが戦争を取り巻くさまざまな実態であることを忘れないでほしい。

スパイの存在

　ＡＩの話は真実である、と私は考えている。なぜならウクライナ軍は国内にスパイがいるとして、スパイ探しに躍起になっているからだ。ウクライナ軍がわざわざ敵の攻撃を逃れるために学校、病院、住宅に基地のようなものを設置しても、それがミサイル攻撃を受けたことから、ウクライナ側はロシア側に自らの戦術が漏洩しているのではないかと疑いをもつようになる。そして、そうした捜査が実際に行われていることが二〇二二年八月八日付の「ニューヨーク・タイムズ」に掲載されている。「戦火に見舞われたミコライフでは、当局がロシアに協力する情報提供者を捜している」というタイトルの記事[9]には、ミコライフ市は八月八日、五四時間にわたる封鎖から解放されたが、「当局は、ロシア軍が毎日同市を攻撃するロケット弾の標的を特定するのを手助けしているとする協力者を一軒一軒訪ねた」と記されている。同市の市長によると、攻撃によって約一二〇〇棟の住宅やアパートが破壊されたという。戦争が始まって以来、ロシアの攻撃で一三二人の住民が死亡し、六一九人以上が負傷したというのだが、こうしたロシア側からの攻撃を手助けした人物がいる、とウクライナ側は考えているわけだ。

この情報を先のAIの情報と重ね合わせると、まさにウクライナ側があえて民間人の危険にさらす活動をとってきたことが容易に想像できる。

もう一つ、七月一七日付のウクライナ大統領令[10]によって、検事総長のイリーナ・ヴェネディクトワと、ウクライナ保安局（SBU）長官のイワン・バカノフがそれぞれ解任された。どうにも不可思議な人事だが、SBU長官人事の真相については、「ワシントン・ポスト」が長文の記事[11]を八月になって公表した。それによると、ゼレンスキーの幼馴染であるバカノフをあえて解任した背景には、バカノフがSBUの上層部に据えたSBU職員、オレグ・クリニッチの逮捕がある。クリニッチは、二〇一〇年三月から副首相を務め、同年一〇月、国家安全保障・国防評議会（NSDC）副書記に任命後、二〇一四年二月のクーデター後に解任された、親ロシアのウラジーミル・シヴコヴィッチが運営するスパイ組織に属しているとみられている。シヴコヴィッチはクリニッチに、「ロシア連邦の特殊部隊」にとって「作戦上の利益」となるSBU内部の秘密ファイルを盗み始めるよう仕事を課したとされる。「クリニッチ逮捕後、ゼレンスキーがバカノフをSBU長官として更迭したのは、ロシアシンパを一掃できなかったことへの苛立ちからだ」という、ウクライナ大統領府のアンドリー・スミルノフ副長官のコメントが記事に紹介されている。

　検察庁でも諜報機関の保安局でも、部下がロシアに協力した事実が多数あったことが解任の理由とみられている。ゼレンスキーによると、七月一七日時点で、こうした刑事事件案件が六五一件あり、容疑にかけられているものが一九八件ある。さらに、検察庁とウクライナ保安局の六〇人以上の職員が、ロシアに占領された領域で仕事を続けているとした。つまり、検事や保安局職員のなかにロシア側と協力関係にある者が複数存在し、そうした事態に対処してこなかった責任者の首をすげかえるというわけだ。これが事実であるとすれば、やはりＡＩの指摘するような事態が実際にウクライナで進行していることがわかるだろう。

　ゼレンスキーは保安局の地方のトップも相次いで解任している。七月には、ドニプロペトロフスク、ザカルパチアなど五つの州、八月には、キーウ州、キーウ市、リヴィウ州など四つの地域のトップを解任した。そのなかには、後任人事を伴わないものもある。こうしたあわただしい人事を通じて、ゼレンスキーがこれまでウクライナ内部に深く浸透していた親ロシア派的な人物を排除しようとしていることがわかる。先に紹介した「ワシントン・ポスト」の八月一九日の公表された記事には、「ウクライナ内務省によると、偵察や破壊工作を通じてロシアに協力した疑いのある人物を全体で八〇〇人以上拘束している」との情報が記されている。

　こう考えると、ウクライナ側の悲惨な報道をそのまま「かわいそう」といってはいられない。実際に攻撃を受けた住民や子どもはたしかにかわいそうだが、それはロシアの攻撃というよりもウクライナ側の民間人軽視という姿勢がもたらしたものである可能性がゼロではないからだ。

余談だが、ロシアがウクライナの占領地域でどんなスパイ活動をしているかについて書いておきたい。八月九日付の「ニューヨーク・タイムズ」に、「占領地ウクライナのインターネットをロシアはどのように占拠したのか」という記事[12]が載っているので、紹介したいのだ。それによると、ヘルソン州のインターネット・サービス・プロバイダーの情報として、インターネット用の通信回線が五月にロシアのネットワークを経由しはじめ、六月上旬には完全に移行したという。つまり、ヘルソンからロシアのネットワークを通じて携帯電話やインターネットのデータを迂回させることで、ロシア側は情報をスパイすることが可能となっていることになる。

記事は、「ヘルソンで起きたことは、ロシアに占領されたウクライナの他の地域でも起こっている」として指摘している。おそらくロシアはウクライナ占領地域の情報伝達網を管理し、情報そのものを監視することで、ウクライナ戦争を有利に導こうとしているに違いない。こんなロシアは批判されなければならない。

ロシアによる嘘

ついでに、ロシアもまた「嘘」を流しているという話も書いておきたい。みなさんはマリウポリという地名を覚えているだろうか。日本のテレビでも、何度も報道された、ウクライナのドネツィク（ドネツク）州にある港湾都市だ。この場所はロシア側に陥落したが、最後の攻防戦のあったアゾフスタリ製鉄所においてロシア側に投降した者の多くはドネツィク州にあるロシア占領下の町オレニフカ（イエレノフカ）にある収容所に集められていた（ロシア国防省の発表では、二四三九人の兵士が降伏したとされる）。ところが、その一二〇号矯正コロニーのバラックが七月二八日夜、爆発した。少なくとも五〇人のウクライナ人捕虜が死亡したという。収容所には少なくとも二〇〇〇人の囚人がいるとされ、五月にマリウポリでロシア軍に降伏した数百人のウクライナ戦士が含まれていた。これは「ニューヨーク・タイムズ」[13]の報道に基づいているが、ロシア国防省は七月三〇日午前の時点で、五〇人のウクライナ人が死亡したとしている。ほかに、七三人が負傷した。だが、その理由は、米国がウクライナに供与した多連装ロケットランチャー（ＨＩＭＡＲＳ）によるミサイル攻撃だとしている。その時期を二九日としている。

八月六日になって、「ワシントン・ポスト」は興味深い記事[14]を報じている。それによると、衛星画像などをもとに六人の専門家が調査したところ、収容所の破壊された建物の画像はＨＩＭＡＲＳによる攻撃とは矛盾しているように見えるという。榴散弾の跡やクレーターがなく、内部の壁には最小限の損傷しかないのだ。ウクライナの国防情報局は八月三日、ロシアの支援を受けた部隊が「非常に燃えやすい物質」を撒き、それが爆発すると「敷地内の火災を急速に拡大させた」と主張したとの記述もある。さらに、七月二九日の朝、ロシアのメディア各社が投稿した刑務所の映像から確認できる遺体の数は、ロシア国防省が発表した五〇人のウクライナ人兵士の殺害数よりはるかに少ないという。

ロシア最高裁判所は八月二日、ロシア検察庁の提訴に基づいて、ロシア側が超過激なナショナリストで構成されているとみなす、ウクライナの「アゾフ連隊」（ウクライナの超過激なナショナリストら［プーチンのいうネオナチ］が糾合して二〇一四年五月にウクライナ南東部のドネツィク［ドネツク］州にあるマリウポリにいわば自発的に設立された軍事組織）をテロ組織と認定し、ロシア領内での活動を禁止した。法廷審理は非公開で行われたが、アゾフの活動を長年研究してきた人権活動家、ジャーナリスト、公人が法廷で発言し、その戦闘員による幼児を含む民間人の拷問や殺害、民間施設への意図的な攻撃、民間地域への爆発物の設置などについて、目撃証言を含むビデオやオーディオ資料が提示された、とイーゴリ・クラスノフ検事総長は説明している。

おそらく、ロシア側は憎しみの対象であるネオナチを爆殺し、その理由をＨＩＭＡＲＳに着せようとしているに違いない、と私は思う。ロシア側の報道[15]のなかには、「これは意図的な砲撃であり、とくに証言を始めたアゾフの代表者らを葬ろうとするものだ」というドネツク人民共和国の前トップの発言を紹介するものもあるが、どうみても、これはロシア側が仕組んだ殺戮としか思えない。ロシア側は「嘘」をついている。私にはそう思われる。

2　腐敗国家ウクライナ

ロシアによる侵攻がはじまり、その攻撃で殺害されたり負傷したりしているウクライナからの映像をみると、「かわいそうなウクライナ」という印象をもつのが自然だろう。私自身もそう感じる。だが、前節で紹介したように、ウクライナからの情報は明らかに歪められており、それを「そのまま信じるのはいかがなものか」とも思う。

そこで、みなさんに知ってほしいのはウクライナ戦争がはじまる前にウクライナのすさんだ状況についてである。

腐敗するウクライナ

毎年、世界各国の腐敗状況を比較するために、トランスペアレンシー・インターナショナルというＮＧＯは腐敗認知指数（Corruption Perceptions Index, ＣＰＩ）というものを発表している。二〇二一年のＣＰＩによると、ウクライナは一八〇カ国中一二二位、ロシアは一三六位であった（二〇二二年のＣＰＩでは、ウクライナは一八〇カ国中一一六位、ロシアは一三七位だった）。もちろん、この指数が正確に各国の腐敗状況を表しているわけではない。それでも、ウクライナという国が何やら相当にひどい状況にあったことがわかるだろう。

もう一つの情報がある。それは、二〇二一年九月に公表されたEU会計監査院の特別報告[16]にある、つぎの記述である。

「ピラミッド型の構造を持ち、公共機関や経済全体に定着した強力な政治・経済エリートの集団による「国家収奪」(state capture) は、ウクライナの腐敗の特異な特徴とみなされてきた。国際通貨基金(IMF)もウクライナ政府も、既得権益層が構造改革に抵抗を示していることを認めている。法の支配の弱さとオリガルヒの影響力の広さから生じる大規模な腐敗は、EUの価値観に反し、ウクライナの発展にとって大きな障害となっている。「大汚職」(grand corruption) や高レベルの汚職は、国内の競争と成長を妨げ、民主的プロセスを阻害し、広範な小汚職の基礎となるものである。」

この大汚職は、「少数の者に利益をもたらし、個人や社会に深刻かつ広範囲な被害をもたらす、高位な権力の濫用」と定義されている。オリガルヒ(複数形であり、単数形はオリガルフ。ギリシャ語のオリゴイ[少数]とアークヘイン[支配する]が語源で、アリストテレスはこの言葉を、腐敗した目的のために専制的な権力を行使する少数の特権階級、つまり堕落した一種の貴族を表現するために使った。寡頭政商に近い概念)と既得権益者がこの腐敗の根本原因であると考えられている。特別報告は二〇二一年夏ころのウクライナの状況に基づいてまとめられたものだから、ゼレンスキー政権の腐敗ぶりがわかる。

そうしたなかでウクライナ戦争によって、少なくとも親ロシア派のオリガルヒを一掃する動きが広がっている。したがって、少しだけ腐敗は改善に向かっていると信じたい。だが、ゼレンスキー政権側に腐敗がないとはとてもいえない状況にある。このため、私には、すでに創設されている長期的な復興に向けた「復興基金」の今後が気になっている。二〇一六年の段階で、「投入された公的資金がどこかに消えてしまうことも起きていた[17]」と語る、ウクライナ財務相のアドバイザーに就いていた元日銀マンの田中克の言葉は重い。ウクライナへの多額の支援が正当に使われる保証はあるのか。私は大いに疑わしいと思う。

西側の武器は本当に届いているのか

こんな不安があるウクライナだから、米国のＣＢＳが二〇二二年八月七日付の更新情報として「ウクライナへの軍事援助が必ずしも前線に届かない理由[18]」を伝えても、私はまったく驚かなかった。

この報道によると、ウクライナで前線部隊と面会し、非殺傷の軍事支援を行ってきたリトアニアの団体「Blue-Yellow」の創設者兼ＣＥＯであるヨナス・オーマンの話として、「四月の時点では、国境を越えてくる物資のうち、最終目的地に到達したのはわずか「三〇～四〇％」だった」との彼の推測が紹介されている。ただ、「しかし、その後状況は大幅に改善され、今ではより多くの量が行くべき場所に届くようになった」としている。

だが、欧米諸国が武器をウクライナ供与しても、それらが確実にウクライナ軍に渡っているかの確証はないようだ。その証拠に、「ウクライナ政府は、米国防アタッシェのギャリック・Ｍ・ハーモン准将が二〇二二年八月に軍備管理・監視のためにキエフに到着したことに注目している」との記述がある。加えて、「ウクライナは、国内での武器の流れを追跡するため、臨時の特別委員会を設置した」という指摘まであるのだ。

記事では、ウクライナへの援助の世界的なコミットメントを追跡しているキール世界経済研究所によると、米国は二月末の開戦以来、二三〇億ドル以上の軍事援助にコミットしている。英国は三七億ドル、ドイツは一四億ドル、ポーランドは一八億ドルを拠出し、他の複数の国もそれに続いている。そのなかには、暗視スコープや無線機、防弾ヘルメット、最新型のドローンなどが含まれている。本当に、これらの軍事物資はウクライナの然るべきところに届いているだろうか。

武器が盗まれて売却されている？

「フィナンシャル・タイムズ」は二〇二二年七月一三日付で「ＮＡＴＯとＥＵ、ウクライナの武器密輸の危険性に警鐘を鳴らす」という記事[19]を公表している。ＥＵやＮＡＴＯの多くの国々は当時、武器の追跡や在庫管理システムの構築についてウクライナ当局と協議しており、ウクライナ当局はより広範な監視システムの構築に取り組んでいるというのだ。だからこそ、前述したような臨時特別委員会のような組織が必要になったのだろう。

それだけではない。ロシアの七月五日付の情報[20]は、ウクライナ経済安全保障局のヴァディム・メルニュク長官によると、同局は欧米の武器や人道的援助の売却をめぐり、約一〇件の刑事事件を起こしたと伝えている。この記事のなかでは、ロシアのショイグ国防相が七月五日、欧米からウクライナに供給された兵器の一部はすでに闇市場に出回っていると発言し、「入手可能なデータによると、西側からウクライナに供給された外国製武器の一部は中東地域に広がり、闇市場にも流入している」とも報じている。

だからこそ、米国政府はウクライナでの武器の動きを追跡するための査察を再開した。一〇月三一日付のロイター電[21]が伝えたものだ。現地査察は、各国が特定の兵器を提供される際に米国と締結する協定の日常的なものとされているが、腐敗が蔓延してきたウクライナに対する不信感があって当然と思われる（詳しくは拙著『ウクライナ3.0』を参照）。いまのところ、米国防総省の高官は、「ウクライナ政府は兵器の保護と管理を約束しており、転用されている確かな証拠はない」という。

一一月一日付のWP[22]によれば、米国の監視員が直接査察を行ったのは、二万二〇〇〇の米国製武器のうち約一割に過ぎない。ロシアとの戦争の激化により、武器が盗まれたり悪用されたりしないようにするためのシステムに負担がかかるため、通常のチェックや在庫を一〇〇％達成することは難しいことも認めている。さらに、二月下旬の侵攻でキーウの米大使館が数カ月閉鎖されて以来、米当局がポーランドから持ち込まれた武器庫で、監視強化が必要な品目の直接査察を実施できたのは二回だけだったという。当時までにウクライナに提供された装備品のほとんどは、「最終用途モニタリング」と呼ばれる米国の武器監視システムによる最小限の追跡要件しか課せられていないのだという。そのため、米国がウクライナに供与した武器や装備品の一部が盗まれたり、横流しされたりしている可能性がある。

G7もウクライナを信じていない

こんな状況だからこそ、G7加盟国も本当はウクライナ政府を信じていない。日本の歪んだマスメディアをみても、そんな報道にはお目にかからないかもしれない。だが、これは事実である。

二〇二二年一二月一二日に開催されたG7の結果をまとめた声明[23]を読めば、それがわかる。声明には、ウクライナの修復、復旧、復興を支援する観点から、ウクライナや国際パートナーとともに、関連する国際機関や国際金融機関と緊密に連携し、複数機関にわたる「ドナー調整プラットフォーム」を設立することになったと書かれている。さらに、「このプラットフォームを通じて、継続的な短期・長期支援（とくに短期資金支援についてはファイナンス・トラックの責任において行う）を提供するための既存のメカニズムを調整し、さらなる国際資金や専門知識を調整し、ウクライナの改革課題および民間部門主導の成長を奨励する」のだという。プラットフォームのための事務局設置が決まり、「二〇二三年一月のできるだけ早い時期に招集するよう要請する」とされた。

注意してほしいのは、「ファイナンス・トラックの責任において行う」という括弧内の記述である。これは、汚職によって資金が吸い上げられることを防止または制限する試みとして、いわゆる「ファイナンストラッカー」を創設することを意味しているからだ。いわば「財務追跡者」を置き、支援金の流用を防止するというわけだ。すでに指摘したように、ウクライナは少なくとも戦争勃発前まで腐敗が蔓延していた国だから、G7加盟国としても支援に慎重を期すことにしたわけだ。

この判断はきわめて真っ当だろう。ウクライナ政府の言いなりになってはならないのだ。

ウクライナの腐敗の真実

今度は、ウクライナのジャーナリズムが義憤に駆られてよく頑張っているという話も紹介しておきたい。一部のウクライナのジャーナリストは、戦時下でありながら汚職に手を染めている人々を暴露する記事を書いているからである。

「ウクライナ・プラウダ」は二〇二二年一二月一日、当時、ウクライナの大統領府副長官を務めていたキリロ・ティモシェンコが運転するポルシェの画像を何枚も公表した。「大統領チームの最も影響力のあるメンバーの一人のライフスタイルは、この国がもう十カ月も生きている「戒厳令」によって定められた世間の基準に完全に合致するものではない、ということで意見が一致した」と、同編集局は記し、やむにやまれずに報道に至った経緯を明かしている。戦時下にあって、現政権の不祥事を報道することが戦争に悪い影響をおよぼすかもしれないなかでも、どうしても看過できない不祥事として報道されたものということになる。

ティモシェンコをめぐっては、ウクライナのニュースサイト「Bihus.info」[24]が同年一〇月三一日、人道支援用に寄付された新車のシボレー・タホSUVを運転している様子を公開していた。こんな札付き政治家を大統領府副長官に据えてきたのがゼレンスキー大統領なのである。

戦時中でもはびこる腐敗

残念ながら、ウクライナの腐敗体質は構造的なものであり、たとえ戦時体制下でも変わっていない（少しだけ改善しているが）。二〇二三年一月二四日になって、ウクライナの高官が八人、地方軍事行政機関（以下、地方軍政局）の長が五人辞職・解職となった（表1を参照）。

唖然とするのは、軍の腐敗である。二〇二三年一月二一日、軍が食料品を市場価格よりも二～三倍も高い値段で調達していることが暴露された。常識的に考えれば、戦時中の軍を真正面から批判するには、それなりの覚悟がいるはずだが、ユーリー・ニコロフ記者はそのタブーに挑む記事[25]を公開したのだ。具体的には、「国防省は卵を一個一七フリヴニャ（UAH）（〇・四六ドル）で契約しているが、キーウの商店での小売価格は現在一個七ＵＡＨ（〇・一九ドル）程度」という。「ジャガイモは一キロあたり二二ＵＡＨで発注されたが、店頭での小売価格は八～九ＵＡＨ」にすぎない。

食料品調達に関する契約は二〇二二年一二月に、国防省とActive Company LLCとの間で結ばれた。契約額は一三〇億ＵＡＨ（約三・五億ドル）だ。興味深いのは、同社が国防省関連企業であることである。二〇一六年、国防省の国営企業である南方作戦司令部貿易部の子会社オデーサ軍事貿易のディレクターを務めたこともある人物が操業した会社であり、同社は二〇一九年の段階で、国家刑事執行機関の刑務所施設と公判前勾留センターへの牛肉供給の入札に参加するため、事実と異なる偽の証明書を提出したとして刑事手続きの対象となっていた。こんな会社と取引すること自体、不可解だ。

国防省との契約が成立する一カ月前、キーウ州出身のヴァレリー・メレシュが、同社の社長に就任した。以前は、国防省の国営企業ビラ・ツェルクバ・ミリタリー・トレードのディレクターを務めていた人物である。この会社から市場価格よりも数倍高い値段で食料品を調達することで、国防省関係者が同社からキックバックを受ける仕組みが構築されていたらしい。

さらに、このスクープ記事によると、一二月のActive Companyとの契約は、国防省を代表してボグダン・フメリニツキーが署名している。彼は、二〇二二年夏に軍用弾薬の供給における横領事件で捜索された公共調達部の部長と同じ人物である。二〇二二年の侵攻開始後、フ

表1　ウクライナの腐敗状況（辞職・解職者リスト）

中央政府の高官		概要
ヴャチェスラフ・シャポヴァロフ	国防省次官	国防省が軍人のための食料をキーウの食料価格の2～3倍で購入しているとされるスクープをきっかけに、調達を担当していた次官が辞任。その後、逮捕。ただし、国防相はこの事実を否定
キリロ・ティモシェンコ	大統領府副長官	人道的任務のためにウクライナに贈られたSUVを運転していた。2022年末には、彼が同国の戒厳令下で実業家ダヴィチヤンの所有する10万ドル相当のポルシェを使用しているとメディアが報じた。実業家ニコノフから1200平方メートルの巨大な邸宅を借りていることも判明
アレクセイ・シモネンコ	副検事総長	スペインのマルベーリャを訪れるなど10日間海外に滞在。この際、リヴィウの企業家で国会議員のコズロフスキーのメルセデスで、彼の警備員を伴ってウクライナ国外に渡航した
ヴィタリー・ムズィチェンコ	社会政策省次官	
イワン・ルケリャ	地域開発・領土・インフラ省次官	発電機の購入で多額の賄賂を受け取ったとして告発された。1月22日、同省次官ロジンスキー（ウクライナ国家反腐敗局［NABU］は、ロジンスキーが、設備や機械の購入契約を水増し価格で締結するためのロビイ活動を行い、40万ドルを受け取ったと主張している）の解職に関連
ヴャチェスラフ・ネゴダ	地域開発・領土・インフラ省次官	発電機の購入で多額の賄賂を受け取ったとして告発された。1月22日、同省次官ヴァシル・ロジンスキーの解職に関連
アナトリー・イヴァンケヴィチ	海運・河川運輸局副局長	
ヴィクトル・ヴィシニョフ	海運・河川運輸局デジタル開発・DX・デジタル化問題担当副局長	
地方軍事行政機関（地方軍政局）の長		**概要**
ヴァレンティン・レズニチェンコ	ドニプロペトロウシク地方軍政局長	ティモシェンコ辞任と連動。ティモシェンコはドニプロ出身。レズニチェンコ知事の親友が、同州の道路の修理や建設のために15億フリヴニャ（4060万ドル）を受け取っていた
オレクサンドル・スタルフ	ザポリージャ地方軍政局長	ティモシェンコ辞任と連動
オレクシー・クレバ	キーウ地方軍政局長	ティモシェンコの後任となる
ドミトロ・ジヴィツキー	スームィ地方軍政局長	ティモシェンコ辞任と連動
ヤロスラフ・ヤヌシェヴィッチ	ヘルソン地方軍行局長	ティモシェンコ辞任と連動

（出所）ウクライナ語とロシア語の各種資料から作成

メリニツキーはトルコの会社と防弾チョッキの供給契約を結び、バーレーンの会社から供給を受けることになっていた。国防省は五八万ドルを前払いしたが、まったく何も受け取っていない。そして、フメリニツキーの自宅を捜索した結果、同省は「何の疑いももたれなかったので、契約は継続した」と発表したという。この時点で、フメリニツキーの不正を糺していれば、今回の食料品不正は行われなかったかもしれないのだ。むしろ、国防省の上層部がこうした横領にかかわっており、事件そのものを隠蔽しようとしているのではないかとさえ疑われる。

その証拠に、オレクシー・レズニコフ国防相は、ニコロフのスクープ記事を、「全くナンセンス」であり、「歪んだ情報」とした。調達担当のシャポヴァロフ国防省次官は辞任するが、解任ではない。要するに、何の反省もしていないのだ。だが、二月三日、検察庁のサイト[26]は、国防省次官の顧問が、軍用物品調達のための一七億フリヴニャ（四六〇〇万ドル強）以上の横領で摘発されたと発表した。こうして、彼は更迭されるかにみえたが、二〇二三年二月二四日現在、居座ったままである。

どこにでもいる「とんでも政治家」

日本や米国の政治家もひどいが、ウクライナの政治家もひどい。ゼレンスキー事務所で情報政策とPRの責任者としてキャリアをスタートさせ、その後、大統領の「ビッグ・コンストラクション」プロジェクト（ウクライナの老朽化したインフラを大規模に改修する計画）の監督者となったのが、前述したティモシェンコ大統領府副長官である。

二〇二二年一〇月末に公開された、戦地からの市民輸送や人道的任務のためにゼネラルモーターズからウクライナに寄贈されたシボレー・タホ（ＳＵＶ）を個人的・公的目的で使用していた問題の後、ジャーナリストたちは、シボレー・タホを手放したティモシェンコが、当局に近い実業家ヴェミル・ダヴィチヤンの会社に登録されている約一〇万ドル相当の二〇二一年製ポルシェ・タイカンを利用するようになったことを突き止めた。

ほかにも、ティモシェンコが大実業家イゴール・ニコノフから一二〇〇平方メートルの巨大な邸宅を借りていることも判明した。後者の会社 KAN Development はキエフ最大の不動産デベロッパーである。このように、建設・インフラ担当の役人が、監督する市場のプレーヤーと密接な関係にあることに疑問が生じるのが当然だろう。

ティモシェンコは、大統領にとって特別な存在であった。ドニプロ出身の彼は、ジャーナリスト、プロデューサー、政治戦略家として働き、メディアで成功したキャリアを築く。二〇一四年から二〇一五年にかけては、当時のドニプロペトロフスク知事でオリガルヒ（寡頭政商）のイーホル（イゴール）・コロモイスキーのチームに加わり、二〇一九年にはゼレンスキー候補の選挙本部に入った。そこでティモシェンコはクリエイティブを担当していた。

ゼレンスキーが政権を握った後も、ティモシェンコは彼のチームで情報政策を統括する。彼は、ゼレンスキーの前述した「ビッグ・コンストラクション」プロジェクトの調整役となり、ウクライナの交通と社会基盤の整備を計画した。さらに、地方政治を統括する大統領府副長官として、人選を担当し、地元選出の市長や地方議会との関係も構築する。ロシアとの本格的な戦争が始まると、ティモシェンコは大統領府の重要な決定事項の策定に参加するようになる。彼の担当は、敵対行為で破壊されたインフラの復旧などであった。

二〇二二年一二月二六日、国家反腐敗局は、「ビッグ・コンストラクション」プロジェクトのコーディネーター、ユーリヤ・ゴーリカを捜査する。捜査は、ドニプロで行われ、とくにヴァレンティン・レズニチェンコ地方軍政局長の事務所とインフラ再建に携わる請負会社の事務所で行われた。ゴーリカは、自らを「ビッグ・コンストラクション」のコンサルタントと呼び、ウクライナ再建計画に関する大統領府の重要会議に出席してきた。彼はレズニチェンコと、レズニチェンコのガールフレンドの関係者で、戦争中に道路に関する記録的な予算契約を受けた民間企業ブディンベスト・エンジニアリングの半分を所有していたという情報もある。この関連で、レズニチェンコの恋人の関連会社が、ドニプロ地方の復興予算から一五億フリヴニャを受け取っていることも判明した。

なお、地方軍政局は、戒厳令下において、ウクライナの法律「戒厳令の法的体制について」にしたがって設立されたもので、防衛、公安、秩序を管理する国家行政権の一時的地方機関である。地方軍政局長はウクライナ軍参謀本部または関連する地方行政機関の提案に基づき、ウクライナ大統領が任免する者が務めている。地域の軍事行政は、軍事組織の軍人、法執行機関や市民保護サービスの職員や上級士官、雇われ従業員で構成されている。大統領が任免権をもつだけに、地方軍政局長は戒厳令下の地方行政上の重要な役割を担っている。

この地方軍政局長は閣議で指名して解任したり任命したりすることができるため、ティモシェンコとゼレンスキーは地方軍政局長を通じて地方支配を進めたのである。住民から選ばれた市長は残ったが、中央当局と誤解が生じた場合、警察などの法執行機関によって圧力をかけられることになる。解職された五人の地方軍政局長のうち、クレバを除く四人はティモシェンコの「子飼い」とみられ、ゼレンスキーの「子飼い」でもある可能性が高い。戦闘地域で名高いザポリージャ州やヘルソン州の軍政局長まで、今回、解職の対象になっている。

ぜひ知らなければならない事実

ここで読者、いや日本国民に知ってほしいことがある。救援物資の横領・横流しがとてつもない規模で実際に行われてきた事実についてである。

まず、ウクライナの公式ホームページにある情報からみてみよう。二〇二二年八月三〇日、ウクライナ保安局（SBUまたはSSU）という、ソ連時代の国家保安委員会（KGB）の「遺伝子」をもつ諜報機関のサイト[27]に「SSU［ウクライナ保安局］とNABU［国家反腐敗局］は、ザポリージャ地域のトップによる人道的援助の不正流用の可能性について調査している」というタイトルの情報がアップロードされた。「ロシアの大規模な侵略が始まって以来、ザポリージャ地方に提供された人道的援助の不正流用の可能性に関連して行われている」と明記している。捜索されたのは市役所、地方軍政局、倉庫と容疑者の自宅であり、市議会の捜索では、麻薬類似物質、未登録の銃器およびその弾薬、大量の現金が発見されたと書いてある。

八月三一日付のマスコミ報道[28]によると、捜査対象は二〇件以上におよび、ザポリージャに送られたほぼすべての支援物資の横領が疑われていた。信じられないのは、その規模である。NABUの発表によると、海上コンテナ二二個、鉄道貨車三八九輛、トラック二二〇台分の支援物資が盗まれていた。「役人は、市や地域に運ばれた人道支援物資のほとんどすべてを産業規模で盗み、小売チェーンを通じて販売した」という。どうやら、ポーランドからウクライナへの一五〇〇トンの人道支援物資のうち、一〇〇〇トンほどが行方不明になったらしい。

容疑者には、表にあるスタルフ地方軍政局長のほか、ズラタ・ネクラソワ同副長官、ヴィクトル・シェルビナ地方議会副議長などがいた。この八月の捜査にしても、決して迅速なものではなかった。六月八日に、「人道支援に関する不祥事が最前線ザポリージャの状況を悪化させる」という長文の記事がすでに公表されていたからだ。ザポリージャ州の有志と地元のユリア・ヤツィク議員はザポリージャ州軍政局のオスタルク局長とその副官ネクラソワが西側の人道支援で大規模な詐欺を行ったとして告発したのである。この記事によれば、ウクライナ侵略が始まった一カ月後の三月二四日、ゼレンスキー大統領はスタルフにボフダン・フメルニツキ三等勲章を、ネクラソワにオルガ姫三等勲章をそれぞれ授与していたという。つまり、こうした不祥事を起こした人々とゼレンスキーが直接親しい関係を結んでいた。このため、六月に発覚し八月末に捜査が実施されながらも、四カ月以上、容疑者はお咎めなしの状態だったのだ。

腐敗は地方にも広がっている。「キーウポスト」に掲載された「オデーサ・ジャーナル」の編集長の記事[29]によれば、①二〇二三年二月二日、ウクライナ保安局（SBU）は、オデーサの行政庁舎近くの駐車場で四万ドルの賄賂を受け取っていたとされるオデーサ地方行政の職員を逮捕した、②二月三日、「オデーサ港」と「ビルホロド・ドニストロフスキー」税関の職員らがウクライナに人道的援助をもたらす慈善基金のボランティアから金をゆすり取る汚職計画を組織していたとして捜査されたほか、「オデーサ港」の税関の首席国家検査官が収賄で逮捕された、③一月五日、オデーサ地方軍政局副局長、地方財務局長ら数名が、食料品購入契約において七〇〇万フリヴニャ（一九万ドル）を横領したとして、捜査が開始された、④同日、SBU捜査官は、オデーサの税関で大規模な恐喝事件が発生したことを明らかにし、オデーサの税関検査官が発電機は優遇通関条件であるにもかかわらず、発電機と家電製品をウクライナに支障なく輸入するための「手数料」を輸入業者に要求して拘束された――という。

戦時下でバカンスを楽しむ

まだまだ腐敗ネタは存在する。副検事総長のシモネンコは二〇二二年末、リヴィウの実業家のメルセデスを運転し、スペインに休暇に出かけた。スペインでは、観光地マルベーリャを訪問、一〇日間のバカンスを満喫していたのである。

ゼレンスキーの与党、「人民の奉仕者」党の副党首、ミコラ・ティシェンコ議員の場合、タイに出かけていた。二〇二三年一月二六日、彼はタイ訪問を理由に党と派閥から除名された。

一月三〇日付の「キーウポスト」は、独特の髪型で有名な元首相のユーリヤ・ティモシェンコが年初、ドバイの五つ星ホテル「ケンピンスキー」のヴィラで休んでいるところを発見されたと報じている。その後、ウクライナに帰国したらしい。戦争の最中に優雅にドバイで過ごす政治家がいるという事実を知って、ウクライナ国民が怒るのは当然だろう。それだけではない。戦車からミサイルまで、税金を使って支援している外国政府の国民がこうした事実を知れば、軍事支援に大きな疑問符を投げかけても仕方あるまい。

微妙なのは、ウクライナ西部カルパチア山脈にあるスキーリゾートで過ごすウクライナ国民が少なからずいることだ。心を癒すために、こうした場所が必要なのかもしれないが、こんな現実をマスメディアはなかなか伝えない。みなさんに知ってほしいのは、マスメディアが戦争のほんの一部を切り取って報道しているということなのだ。

二月一日に新たな動き

ゼレンスキーがEUの指導者を招いて、腐敗を取り締まるウクライナ政府の取り組みなどについて話し合う二月三日の会合を前にして、ウクライナ政府は腐敗防止に取り組んでいる「そ

ンコ、同第一副長官オレクサンドル・シュツキー、国家林業庁の第一副長官ユーリー・ソトニク、国家食品安全・消費者保護庁の副長官アンドリー・ロルドキパニゼを解任したのである。国家関税局の副長官ルスラン・チェルカスキーは停職となり、懲戒手続きが開始された。

同日、汚職疑惑に関連して全国で数十件の家宅捜索も行われた。そのなかには、ゼレンスキーのかつての盟友、前述したコロモイスキーの自宅なども含まれていた。同日、ウクライナ保安局のサイトに公開された情報によると、ウクライナ最大の石油生産会社ウクルナフタおよび石油精製会社ウクルタトナフタの元経営陣による四〇〇億フリヴニャ（一〇億ドル以上）の大規模な横領計画が明らかになったのだという。この元経営陣には、株主だったコロモイスキーが含まれている。二社は二〇二二年一一月に政府に接収され、国有化された。

ほかにも、税金の詐取などの疑いでキーウ税務署長代理のオクサナ・ダティへの捜査も実施された。ウクライナの情報によると、捜査の結果、すでに一五万八〇〇〇ドル、五三万フリヴニャ、二二〇〇ユーロ、高級時計、車などが見つかっている。彼女はキーウに約一〇〇万ドルのアパート三棟、キエフ近郊に約二〇万ドルの家、約一五万ドルの車二台をもっているという。

最近になって腐敗防止に積極的に取り組んでいるように政府はふるまっている。だが、ゼレンスキーが腐敗撲滅を訴えて大統領選に勝利したのは二〇一九年四月のことであり、それ以降、彼がこの問題に真正面から対処してきたとはいえないのである。

日本の支援は大丈夫か

表1にあるロジンスキーは、発電機の購入に絡んでカネを得ようとしたとみられている。ウクライナ国家反腐敗局（NABU）の捜査で、二〇二二年夏にウクライナ政府が一六億八〇〇〇万フリヴニャ（四五〇〇万ドル相当）を設備に割り当て、その資金で冬に住民に光と熱と水を提供する計画に基づいて、中央政府と地方政府の一部の関係者が結託し、発電機を高値で購入したことがわかった。契約締結の援助に対する返礼として、供給者はロジンスキーに四〇万ドルを渡すことにしたと捜査当局はのべている。ロジンスキーはこの金額を受け取っている際、拘束された。辞任したイワン・ルケリャとヴャチェスラフ・ネゴダという地域開発・領土・インフラ省という二人の次官も発電機の入札に絡んでいた。

米国の場合、二〇二三年一月二六日、ヌーランド国務省次官が上院議員に対して、「援助や武器が流用されていない」ことを確認するための措置の一環として、米国政府の監査役がキーウに滞在していることを明らかにしている。日本も支援物資がしっかりとウクライナ国民のもとに届いているかどうかを確認すべきだろう。二〇二三年二月二〇日、岸田文雄首相はウクライナに対する五五億ドル（約七三七〇億円）の追加財政支援を実施すると表明した。ウクライナという「腐敗天国」において、これほど巨額の血税が真っ当に使われる保証がどこにあるのか、首相は明確に説明すべきだろう。

3　ゼレンスキー問題

ウクライナ戦争がはじまった当初、ウクライナからポーランドなどへ避難する人々の多くが女性と子どもであったことに違和感をもたなかっただろうか。日本のテレビをみていても、その理由を丁寧に説明しているケースに出会ったことがない。

ゼレンスキーは二月二四日、「ウクライナにおける戒厳令の発動について」という大統領令を出す。この三項では、「ウクライナにおける戒厳令の導入に鑑み、暫定的に、戒厳令の法的体制の期間中、ウクライナ憲法第三〇条～三四条、三八条、三九条、四一条～四四条、五三条に定める個人および市民の憲法上の権利および自由は、妨害されうるものとする」と規定されている。これに基づいて、同日、セルギー・デイネコ国境警備局長官は憲法第三三条の「法に定められた制限を除き、ウクライナ領土に合法的にいる者は、移動の自由、居住地選択の自由、ウクライナ領土から出る自由を有す」との規定に制限を加えて、一八歳～六〇歳のウクライナ人男性の出国を禁止する命令を出した（一説[30]には、二〇二一年一二月、ウクライナでは三五の職業［会計主任、経営者、弁護士など］のメンバーに兵役登録を義務づける国防省の命令が発効しており、一〇月一日以降、これらの職業に就く女性は軍に登録することが義務づけられた。義軍事義務を負ったウクライナ人女性は男性と同様、戒厳令中は国外への出国が禁止される。義務逃れの罰金はあるが、年末まではこれに対する処罰はない。なお、ウクライナ法『兵役義務および兵役について』「第一条の改正を導入することについて」という法律案が一〇月七日にウクライナ議会によって承認されたことから、職業が兵役に関係する女性に対し、健康状態や年齢が許せば、自発的に兵役に登録する権利を与えられることになった)。ゆえに、ウクライナから出国しようとする人たちのなかに、男性をみかける機会がほとんどなかったのである。

この措置について、みなさんはどう考えるだろうか。自国が侵略されたという結果だけを重視すれば、国に残ってロシア軍と戦うのが当然の義務と思うだろうか。それとも、腐敗が蔓延する自国において、大統領選での公約を守らないまま、過激なナショナリストとの対決を避けるばかりか、ロシアとの戦争挑発に傾いてきたゼレンスキー政権のもとであっても、あくまで戦うのか。自国民を守るためという名目で、人を殺すことを本当に躊躇なくできるのか。

本当は、こうした厳しい自問自答のうえで、自ら残留してロシアと戦うかどうかを自分自身で決めるというのが望ましいのではないか。ところが、ゼレンスキーは戒厳令のもとで、無理やり強制的に自国に残留して防衛にあたるように男性だけに求めたことになる。

これこそがゼレンスキーという大統領のやり口なのだ。これは、まさに強権政治そのものであり、断固として批判すべきなのではないか。ゼレンスキーは二〇二二年二月二四日付大統領令六四号で、同日午前五時半から三〇日間の戒厳令を導入した。同日大統領令六九号で、総動員体制が九〇日間導入された。その後、戒厳令は二度延長された後、五月末から総動員体制と同じく九〇日間の適用となる。戒厳令と総動員体制は八月と一一月にともに九〇日間延長され、二〇二三年二月、さらに九〇日間の延長が決まった。こうして戦時体制を継続することで、ゼレンスキーはいわば独裁体制を堅持している。

戦争忌避という重い問いかけ

この話は戦争忌避という重い問いかけにつながっている。私は、『プーチン3.0』の「あとがき」の第二段落につぎのように書いておいた。

「ただ、本書を書き上げてみて、ウクライナに関する報道に違和感を覚えている自分がいるという話は書いておきたい。それは、ウクライナからの子どもや女性ばかりの避難民の映像を観ていて強く感じるものだ。ウクライナの国境警備隊は二月二四日遅く、一八歳から六〇歳までのすべてのウクライナ人男性の出国を禁止すると発表した。ゼレンスキー大統領が全土に戒厳令を宣言したことで、こうした措置がとられたらしい。外部者として、嫌な感じをいだくのはぼくだけではないはずだ（戦争忌避者を描いた丸谷才一著『笹まくら』の意外な結末を、ぼくは思い出していた）。」

あえて括弧のなかに示した『笹まくら』こそ、戦争忌避者を扱った興味深い作品である。私は若者にこの本を読むことを強く勧めたい。みなさんはもはや戦争に巻き込まれても不思議ではない時代を生きているのだから。

ナンシー・パトリシア・ペロシという八〇歳を過ぎた米下院議長（当時）が二〇二二年八月二日に台湾を訪問し、翌日蔡英文総統と会談した結果、中国政府の猛反発を招いた出来事は知っているだろう。時代の雰囲気は、中国と台湾との軍事衝突に向かって動いているようにみえる。そうなると、日本もこの騒ぎにかかわらざるをえなくなる。

政治を「家業」にして、政治ビジネスをつづける世襲政治家ばかりが目立つ日本という国を守るために命を賭ける覚悟はあるだろうか。あるいは、戒厳令のようなものを前提に、出国禁止になる可能性があるとすれば、これをいまのうちに封じ込めておく必要性について、真剣に考えてみようという気にはならないか。

マスメディアの重要な役割として、ウクライナで起きていることをきっかけに、各国においてこのウクライナ政府の出国禁止措置について真正面から議論する場を設けるような使命がマスメディアにあるのではないか、そう私は思う。にもかかわらず、この重い問いかけについて日本のマスメディアは、例によってネグっている。無視することで、マスメディアの役割をまったく放棄しているのだ。

私が気づいたのは、いわゆる「動的平衡論」で有名な福岡伸一が自らの連載のなかで、『笹まくら』を丁寧に紹介していたことである。私がここで書いているほど、率直な言葉遣いではなかったが、『笹まくら』という本の重要性をうまく語っていた。私にいわせれば、こうした姿勢こそ「知識人」の使命であり、彼はりっぱな知識人の一人であると思う。

だれがゼレンスキーに鈴をつけるのか

拙著『ウクライナ3.0』の最後から二頁目に「和平交渉のネックはゼレンスキー」という話を書いておいた。なぜかといえば、ゼレンスキーは戦争勃発直後の「悲劇の大統領」から、ロシア軍のキーウ侵攻を防いだ「英雄」へと変貌し、軍事的勝利の可能性を同胞に確信させることで、ウクライナ国民を戦争へと団結させる道を選択したからである。

この結果、ウクライナ国内で何が起きたかというと、徹底抗戦の機運が高まるのである。キーウ国際社会学研究所（ＫＩＩＳ）が五月一三日から一八日にかけて実施した、コンピューター支援電話調査（一八歳以上の二〇〇〇人が回答）の結果によると、平和を実現するために領土を譲歩する意思があるかどうかを尋ねたところ、八二％の回答者が「領土の譲歩は受け入れられない」とした。平和を達成し、独立を維持するためにいくつかの領土を手放すことが可能だと考えているのはわずか一〇％にすぎなかった。

こうなると、ロシアとの和平交渉をして、ロシアに譲歩するようなことがあれば、すぐにゼレンスキーの人気は地に堕ちてしまうだろう。わかりやすくいえば、ゼレンスキーは自分の権力を維持するためには、強気で戦争を継続するしかないのだ。

一度、「英雄」のように祭り上げられてしまったゼレンスキーに対して、引導を渡し、戦争の即時停戦、和平交渉再開という合意達成をするように進言できる者は見当たらないのが実情ではないか。二〇二二年九月三〇日時点でも、彼は、「ロシアとの対話の準備はできているが、別のロシア大統領との対話だ」とのべている。要するに、和平する気がまったくないのである。和平には、クリミア割譲といった妥協が必要になるはずだが、こうした姿勢が自分への批判を招き、権力基盤を失うことを彼は恐れているようにみえる。

欧米諸国を手玉にとる

ゼレンスキーはウクライナ戦争を「人質」にとることで、欧米諸国を手玉に取ろうとしている。それがよくわかるのは、二〇二二年九月一三日に公表された、Kyiv Security Compact である[31]。これは、「ウクライナに対する国際的安全保障の確保：提言」として、ウクライナに対する国際的安全保障に関するワーキンググループ共同議長のアナス・フォー・ラスムセン（元NATO事務総長）とアンドリー・イェルマーク（ウクライナ大統領府長官）の連名で作成されたものである。これは、米国のイスラエルへの保証をモデルにしたものだ。

この文書は、民主主義世界の主要な専門家による個人的な寄稿と議論に基づいて作成されたもので、欧州の新しい安全保障秩序の基礎となることが期待されている。いわば、ウクライナのための前例のない安全保障を想定した国際条約の草案とも呼べるものである。ウクライナとしては、「キーウ安全保障条約」と呼ばれる共同戦略パートナーシップの文書を二国間協定に基づいて拘束力をもつかたちで締結し、それらの国々によってウクライナの安全を保障してもらう体制づくりを想定している。具体的な保証国グループは、米国、英国、カナダ、ポーランド、イタリア、ドイツ、フランス、オーストラリア、トルコのほか、北欧・バルト諸国、中・東欧諸国が含まれる。さらに、「日本や韓国を含む広範な国際的パートナーも、制裁に基づく一連の非軍事的性格の保証を支持する必要がある」と、日本を名指ししている。

要するに、①国防予算を支援するため、将来の復興手段を含む金融支援および直接投資、ならびに敵対行為により破壊または損傷したウクライナのインフラを再建するための金融支援（返済不要の支援を含む）を行う、②ウクライナの新たな防衛産業基盤を支援・発展させるため、返済不要の資金援助を含む復興資金を直接提供する、③技術移転と武器輸出を確保する、④資源、軍備、弾薬、サービスの供給を緊密に調整する、⑤ウクライナ軍の定期的な演習を実施する、⑥サイバー防衛・安全保障、サイバー脅威への対処に関する協力プログラムを立ち上げる、⑦情報の交換を常時行い、ウクライナと保証国の情報機関の間で定期的な協力を確立するなど、情報分野での協力強化を確保する――といった「国際的な保証人」をウクライナと個別国との二国間協定で確保し、①～⑦のような条件を義務づけようとしていることになる。

加えて、「国際的制裁」という項目において、ロシアが①ウクライナへの侵略をやめる、②今後ウクライナを攻撃しないことを保証する、③侵略時に発生した損害をウクライナに補償する――までは、二〇一四年から合意した対ロ制裁を解除しないようにすると明記されている。さらに、④和平交渉の一環として制裁を解除または一時的に停止する決定は、ウクライナと緊密に連携して行うべきである、⑤安全保障協定には、新たな攻撃や侵略があった場合に制裁を再開する条項（スナップバック条項）が含まれている必要がある、⑥ロシアがウクライナの主権を脅かすことをやめるまで、制裁は維持されるべきである、⑦制裁措置は、ウクライナの安全保障機関がＧ７やＥＵなどの他の国際機関と緊密に連携して開始し、実施されるべきである――とも記されている。どうやら、ウクライナは支援国を抱き込んで、各国および国際機関の制裁権すら制約して、徹底的にロシアを痛めつけようとしているようにみえる。

これに対して、驚くべきことに、ウクライナがとるべき義務については何も書かれていない。独裁を強めるウクライナには、独裁への規制や腐敗防止措置、各種の監視が不可欠だと思われるが、そんな話はまったく無視されている。そう、ゼレンスキーはまさにウクライナ戦争の「被害者」を装うことで、その独裁体制をより堅固なものにしようと企んでいるようにみえるのだ。

嘘つきゼレンスキー

おまけに、ゼレンスキーは公然と嘘をつく。ゼレンスキーに対してＢＢＣが行ったインタビュー[32]を見てほしい。一〇月七日に公表されたインタビューのなかで、聞き手は「米国は、最近のロシア人ジャーナリスト（ダリア・ドゥーギナ）の殺害の背後に、あなたかウクライナがいると考えています。本当なのかどうか教えてください」と率直に尋ねた（三分二〇秒すぎの映像を見てほしい）。それに対して、ゼレンスキーは、「我々はこのケースに関係がない」と答えている。

しかし、これは「嘘」である。なぜか。一〇月五日付の「ニューヨーク・タイムズ」[33]が事件後、ウクライナ側から事件の真相を聞いた米国政府高官は「この暗殺についてウクライナ政府関係者を諭した」と報じているからである。

八月二〇日の暗殺事件

この事件について説明しよう。八月二〇日、ロシアにおける陰謀論の理論的支柱アレクサンドル・ドゥーギンの娘ダリアの運転するトヨタ・ランドクルーザーが爆発し、死亡したというニュースが流れたのである。父親をねらった殺人事件との見方もあったが、八月二二日までの情報[34]では、ロシア当局はウクライナ女性ナターリヤ・ヴォフク（旧姓シャバン）を容疑者と特定、この女が娘ダリアの住む建物内に住居を借り、彼女の動向を監視していたとしている。女は前述したアゾフ連隊に属し、過激派組織「ライトセクター」とも関係があったとロシア側はみている。女はすでにエストニアに出国した。当局の見方では、あくまで殺害は娘をねらったものとみていた。

ＮＹＴの記事によると、ゼレンスキーが殺害に関与していたかは不明だが、ウクライナ当局の無鉄砲な残虐行為がロシアをより復讐にかりたて、核戦争に至ることを米国政府は恐れていると伝えている。

ゼレンスキーの「嘘」というのは、「我々」といった点にある。「私はこのケースに関係ない」と答えていれば、ウクライナ当局のなかの「跳ね返り者」が事件を起こしたという可能性を残したことになる。しかし、「我々」とのべたことで、ゼレンスキーが命じて暗殺させた可能性すら出てくる。ウクライナ当局が仕組んだ可能性がかぎりなく確実な事件に対して、「ゼレンスキーを含むウクライナ当局者＝我々」は関係ないというのは「嘘」そのものだろう、と指摘しなければならない。

「ダーティボム」を仕組んだのはウクライナか？

この暗殺事件の顚末をきっかけにして、米国政府がウクライナ政府を完全に制御しているわけではないことがわかる。ウクライナ当局はすべての情報を米国側に流しているわけではないのだ。その結果として、ロシアに対する復讐心に燃える、一部の「跳ね返り者」、すなわち超過激なナショナリストがロシアやロシア人に対してありとあらゆる手段で復讐を企てかねない状況にあることが推測できる。このなかに、ゼレンスキーが含まれているかどうかはわからない。ただし、ゼレンスキー政権中枢部分にそうした人物が複数いることは確実だと思われる。

そう考えると、一〇月二三日以降、突然流れ出した「ダーティボム」にかかわる問題の真相も見えてくる。一〇月二三日、ロシアのＲＩＡノーボスチ[35]は、「ウクライナを含む各国の信頼できる情報筋によると、キエフ政権は自国内でいわゆるダーティボム、すなわち低収量の核兵器の爆発を伴う挑発行為を準備しているといわれている」と報じた。挑発の目的は、ロシアがウクライナの戦場で大量破壊兵器を使用したと非難し、それによってモスクワの信頼性を損なうことを目的とした強力な反ロシア・キャンペーンを世界に展開することであるという。

ドニプロペトロウシク州にある東部選鉱コンビナートの指導部とキーウ核研究所は、「ダーティボム」製造を命じられ、その作業は、すでに最終段階に入っていると伝えた。同時に、ゼレンスキーの指示により、ウクライナ大統領府の側近がウクライナ当局への核兵器部品移管の可能性について、英国代表と暗黙のうちに接触していたことがわかったとしている。

ウクライナの目論見

このダーティボム（放射性拡散装置、ＲＤＤ）は放射性同位元素と爆薬を入れた兵器で、爆薬が爆発すると容器が破壊され、衝撃波によって放射性物質が飛散し、数千平方キロメートルにおよぶ地域が汚染される。放射性物質は、使用済み核燃料貯蔵施設や原子力発電所の使用済み燃料プールに保管されている使用済み燃料要素に含まれる酸化ウランの可能性があるとされる。一〇月二五日付の「コメルサント[36]」によれば、ウクライナ側の計画では、このようなミサイルの爆発を、高濃縮ウランを装荷に使ったロシアの低収量核弾頭の異常誘爆に見せかけ、その後、ヨーロッパに設置された国際監視システムのセンサーによって大気中の放射性同位元素の存在が検出され、ロシアによる戦術核兵器の使用が非難されることになるという。さらに、その結果、ロシアは主要なパートナーの多くから支持を失い、西側諸国はロシアの国連安保理常任理事国資格の剥奪を再び提起するとみている。

別のロシア側の報道[37]によれば、ウクライナの軍事企業ユジマシの専門家がすでにロシアのイスカンデルミサイルのダミーをつくっており、その頭部に放射性物質を充填し、チェルノブイリ原発の立ち入り禁止区域上空でウクライナ防空軍に「撃墜」させてロシアの核爆弾発射を主張する計画があるという。このイスカンデルの模型はトーチカ-Uミサイルシステムの発射体をベースに作られたものだという。ヘルソン州上空でダーティボムが爆発しても、たとえば広島のような大規模な破壊や汚染は起こらないが、数十から数百の死者や深刻な疾病が発生する可能性があるという。多くの専門家は、ウクライナ人が自力でダーティボムを組み立てることができるかどうか疑念を示している。ただ、同盟国の協力があれば、この技術的課題は解決できる。ロシア国防省は、英国の支援をほのめかしている。

欧米の「嘘」

これに対して、米英仏は一〇月二三日に、ロシアが戦争をさらにエスカレートさせるために作り出した口実だとし、この主張を否定する声明を出すという行動に出た。ウクライナを潜在的な核の侵略者に仕立て上げることで、ロシアは自国民の怒りを買うことなく、またプーチンへの支持をさらに低下させることなく、緊張を高めることができる、と欧米側はみている。しかし、この反応は何も知らない者を騙すための「嘘」ではないか。

一〇月二四日の段階で、ロシア軍参謀総長ヴァレリー・ゲラシモフは、米国統合幕僚本部議長のマーク・ミリーと電話会談を行い、ウクライナによるダーティボム使用の可能性に関連する状況について話し合った。一〇月二四日、ゲラシモフは英国国防参謀総長アンソニー・ラダキンとも同様の会話を交わしたという。一〇月二三日、ロシアのショイグ国防相はトルコのフルスィ・アカル、イギリスのベン・ウォレス、フランスのセバスチャン・ルコルニーと会談し、アメリカのロイド・オースティンとも再協議したが、このときの内容がダーティボムにかかわるものであったとみられる。

ロシアの情報が正しいかどうかはわからない。ただ、ゼレンスキーがこのダーティボムによる戦争のエスカレートをもくろんだとしても何の不思議もないと書いておきたい。興味深いのは、The Economist[38]が、「驚くべきことに、ワシントンでは、ロシアはウクライナのだれかがダーティボムを計画しているという本物の情報をつかんでいるのではないかとさえ推測している」と伝えている点だ。「このような説がまことしやかに語られるのは、ウクライナの行動に対するある種の不信感を示している」との記述どおり、ウクライナ側の発表を米国政府は信じていない面があるのだ。

ゼレンスキーのもう一つの「嘘」

ゼレンスキーの別の「嘘」についても紹介したい。それは、二〇二二年一一月一五日に起きた、ポーランド領内でミサイル着弾によってポーランド人二人が死亡した事件だ。ロシアとウクライナ双方の情報に基づいて説明してみよう。ミサイルが着弾したのは、ウクライナとポーランドの国境近くのポーランド領だった。爆発は現地時間午後三時三五分頃、旧国営農場内で操業していたある企業の敷地内で発生したとポーランドの報道機関（wyborcza.pl）は伝えている。これを、米系の報道機関AP通信は、米諜報当局高官によると、ロシアのミサイルがNATO加盟国のポーランドに着弾し、二人が死亡したと伝えた。しかし、この時点では、この情報が正確であるかどうかはまったくわからなかった。

この日、ロシアはウクライナ領内に向けてミサイル攻撃を行った。九〇発とも一〇〇発ともいわれる数のミサイルがロシア側からウクライナに向けて飛んできたのである。一六日のロシア国防省の発表では、ロシアが一一月一五日に行ったミサイル攻撃はすべてウクライナ領内に着弾し、標的はウクライナとポーランドの国境から少なくとも三五キロ以上離れた場所にあったとした。さらに同省の専門家は、ミサイルの残骸の写真から、ポーランドで爆発したミサイルはロシア製でウクライナに帰属するS‐300対空システムによるものと結論づけたと説明した。

一六日付のロイター電によると、ポーランドのアンジェイ・ドゥダ大統領も、爆発したミサイルについて、「我々と同盟国が持っている情報では、それはソヴィエト連邦でつくられたS-300ロケットで、古いロケットであり、ロシア側によって発射されたという証拠はない」とのべた。ゆえに、彼は今回の出来事を「不幸な事故」と呼んだ。

こうした状況にもかかわらず、ゼレンスキーは公然と「嘘」をつく。一六日に公表された彼の「テレグラム」における公式アカウントには[39]、「ロシアのミサイルがポーランドを直撃した」と書かれている。さらに、「NATOの領土にミサイルを撃ち込む……。これは集団安全保障に対するロシアのミサイル攻撃だ！　これは本当に重大なエスカレーションだ。行動が必要だ」と挑発する書き込みをしている。さらに、同日のウクライナの全国共同ニュース番組でも、「私は、それが私たちのミサイルやミサイル攻撃でなかったことを疑うことは何もない」とのべた。つまり、ウクライナ国民に対しても「嘘」をついていることになる。

戦争時、指導者はよく「嘘」をつく。それは、ゼレンスキーにもプーチンにもあてはまる。バイデンもそうだ。こうした常識を忘れてはならない。

注

1 https://www.amnesty.org/en/latest/news/2022/08/ukraine-ukrainian-fighting-tactics-endanger-civilians/
2 https://lb.ua/society/2022/08/04/525301_reznikov_pro_zvit_amnesty.html
3 https://www.facebook.com/inukraine.official/photos/basw.AbrPa5sMMEqVL9S53MzZFCjDq9Ts8VNAPpdLTmbTR8uX7HlAm3zYjpc3jRhQsf2X5-2jnH_6aY9_kZ6pYnWEv_hSgoMfLFx5woXA2QBG1Mgu0CmA9MwFzG4lLWXFOZhTAUMKbccTnSIFCFzQjYd9Q4jqDT_b0AA1sd5ZgeqBZqR_cw/2848218248818594
4 https://www.vedomosti.ru/politics/articles/2022/08/07/934908-doklad-amnesty-ukrainoi-prava
5 https://www.nytimes.com/2022/08/07/world/europe/amnesty-international-ukraine-russia-war-crimes.html)
6 https://www.vedomosti.ru/politics/news/2022/08/24/937488-nebenzya-prodemonstriroval-zhurnalistam-lepestok
7 http://www.the-monitor.org/media/3348257/Cluster-Munition-Monitor-2022-Web_HR.pdf
8 https://www.hrw.org/news/2022/08/25/growing-civilian-toll-russian-cluster-munition-attacks
9 https://www.nytimes.com/live/2022/08/08/world/ukraine-russia-news-war#mykolaiv-russia-ukraine
10 https://www.president.gov.ua/documents/5002022-43325 および https://www.president.gov.ua/documents/4992022-43321
11 https://www.washingtonpost.com/world/interactive/2022/russia-fsb-intelligence-ukraine-war/?itid=hp-top-table-main

12 https://www.nytimes.com/interactive/2022/08/09/technology/ukraine-internet-russia-censorship.html

13 https://www.nytimes.com/2022/07/29/world/europe/ukraine-prison-russia-azov.html

14 https://www.washingtonpost.com/world/2022/08/06/olenivka-prison-explosion-ukraine-russia/

15 https://dan-news.info/obschestvo/v-rezultate-udara-boevikov-kieva-po-kolonii-v-elenovke-pogibli-50-ukrainskih

16 https://www.eca.europa.eu/Lists/ECADocuments/SR21_23/SR_fight-against-grand-corruption-in-Ukraine_EN.pdf

17 https://mainichi.jp/articles/20220521/k00/00m/020/119000c

18 https://www.cbsnews.com/news/ukraine-military-aid-weapons-front-lines/

19 https://www.ft.com/content/bce78c78-b899-4dd2-b3a0-69d789b8aee8

20 https://www.rbc.ru/politics/05/07/2022/62c498979a79479781bd7feb?from=from_main_11

21 https://www.reuters.com/world/europe/us-resumes-on-site-inspections-keep-track-weapons-ukraine-2022-10-31/

22 https://www.washingtonpost.com/national-security/2022/11/01/us-weapons-ukraine-oversight/

23 https://www.whitehouse.gov/briefing-room/statements-releases/2022/12/12/g7-leaders-statement-4/

24 https://bihus.info/pislya-syuzhetu-bihus-info-tymoshenko-peredaye-pozashlyahovyk-chevrolet-tahoe-na-front/

25 https://zn.ua/ukr/economic-security/tilovi-patsjuki-minoboroni-pid-chas-vijni-piljajut-na-kharchakh-dlja-zsu-bilshe-nizh-za-mirnoho-zhittja.html

26 https://gp.gov.ua/ua/posts/zavolodinnya-ponad-17-mlrd-grn-priznacenix-na-zakupivlyu-tovariv-dlya-

zsu-vikrito-radnika-zastupnika-ministra-oboroni
27 https://ssu.gov.ua/en/novyny/sbu-ta-nabu-rozslіduiut-mozhlyve-nezakonne-pryvlasnennia-humanitarnoi-dopomohy-topposadovtsiamy-u-zaporizkii-oblasti
28 https://litsa.com.ua/u-zaporizhzhi-chinovniki-rozikrali-majzhe-vsyu-gumanitarnu-dopomogu-na/
29 https://www.kyivpost.com/post/11898
30 https://www.rbc.ru/politics/22/10/2022/6353074c9a7947103811c91c?from=from_main_6
31 https://www.president.gov.ua/storage/j-files-storage/01/15/93/cf0b512b41823b01f15fa24a1325edf4_1663050954.pdf
32 https://www.bbc.com/russian/news-63178625
33 https://www.nytimes.com/2022/10/05/us/politics/ukraine-russia-dugina-assassination.html
34 https://www.kommersant.ru/doc/5524691
35 https://ria.ru/20221023/provokatsiya-1825967691.html
36 https://www.kommersant.ru/doc/5632780
37 https://expert.ru/expert/2022/44/gryaznaya-bomba-dlya-frontovoy-pauzy/
38 https://www.economist.com/united-states/2022/10/27/the-claim-of-a-ukrainian-dirty-bomb-has-got-americas-attention
39 https://t.me/V_Zelenskiy_official/4018

第四章　なぜ停戦できないのか

1　長引くウクライナ戦争

みなさんは戦争について考えたことがあるだろうか。

戦争を、「異なる国家の組織化された武装勢力間の持続的な戦闘で、一二カ月以内に少なくとも一〇〇〇人の戦死者を出すもの」と定義したうえで、一八一六年以降について、正確で信頼できる定量的データの収集、普及、利用を促進することを目的にした学術団体「Correlates of War Project」[1]というものがある。そのデータによると、平均的な戦争では、一日あたり約五〇人の兵士が死亡し、約一〇〇日間つづく。

本当は、典型的な戦争は結構短い期間に終結してきた。二〇〇三年、米国はイラクの政府をわずか二〇日で倒した。アルメニアとアゼルバイジャンが二〇二〇年にナゴルノ・カラバフの領土をめぐって戦った紛争は四四日で終わった。すでに紹介した、日経の二人の編集委員が、ロシアがはじめた戦争という間違いを公表し訂正せずにいる、二〇〇八年のアゼルバイジャンとロシアの戦争は、まさに「五日間戦争」であった。

プーチンはおそらく、ウクライナ東部だけでなく、北部からキーウへの侵攻によって、遅くとも数週間以内にウクライナの中枢機関を支配下に置き、まさに「非軍事化」と「非ナチ化」を断行するつもりであったのだろう。しかし、キーウ侵攻は失敗した。その結果、すべての目論見が頓挫し、戦争の泥沼から抜け出せない状況になっているようにみえる。

ロシアによるウクライナ侵攻から一年が過ぎても、収束の兆しはない。NATOのイェンス・ストルテンベルグ事務総長は、二〇二二年四月七日の段階で、ブリュッセルで講演し、ウクライナでの戦闘が数週間、数カ月、場合によっては数年続く可能性があると認めていた。

とてつもない犠牲者数

ここで、シカゴ大学政治学部准教授のポール・ポーストが二〇二二年六月二三日に「ワシントン・ポスト」で公表した「ウクライナ戦争は現代史のなかでももっとも血生臭い戦争になりそうだ」という記事[2]を紹介したい。彼は前述した「ウォー・プロジェクト」を紹介しながら、同プロジェクトによると、「上位二五%の戦争は一三カ月以上続く」と指摘したうえで、「軍事専門家の間では、この戦争がそれくらい長くつづく方向にあるとの予測が強まっている」と率直に記している。さらに、国際戦争データベースによる戦場死者数の中央値は八〇〇〇人であり、上位四分の一の戦争では少なくとも二万八〇〇〇人の軍人が死亡しているが、推定では、ウクライナ戦争は五月下旬に早くも総死亡者数の上位四分の一に入っているという。加えて、「このままのペースで戦争が一年続けば、死者数は約一二万五〇〇〇人に達する」ことになると予想している。

八月には、国防総省の政策担当官であるコリン・カールが、「ロシアは逆にとてつもない数の犠牲者を出している」とのべ、「ロシアは六カ月足らずの間に七、八万人の犠牲者を出していると考えてよいだろう」と発言したと、「フォーリン・ポリシー」の記事[3]は伝えている。

ロシア自体の発表は過小であり、「嘘」である。ロシア国防省は三月末に一三五一人の兵士の死亡を発表、九月二一日になって、セルゲイ・ショイグ国防相が五九三七人の兵士を失ったとのべた。二回目の公式発表だが、この数字を信じる者はいないだろう。一〇月になって、「ノーヴァヤ・ガゼータ・ヨーロッパ[4]」は、一〇月二一日時点で、ウクライナでは少なくとも七八二二人のロシア兵が死亡したと伝えた。死者のうち少なくとも四一人は、先月中に動員された男性であるという。

ウクライナ大統領府長官顧問のミハイロ・ポドリャクが一二月一日に明らかにしたところでは、ロシア侵攻以来、ウクライナ軍の死者は一万から一万二五〇〇~三〇〇〇〇人にのぼる。一一月三〇日、欧州委員会のウルズラ・フォン・デア・ライエン委員長は、二万人以上の民間人と一〇万人のウクライナ兵士が死亡したと語った。しかし、その動画は、本当のことをしゃべりすぎたのか、あるいは、何の疑問もなくこんな数字を明らかにしたことを反省したのか、すぐに削除された。みなさんにわかってほしいのは、こんな大間違いをしでかしたにもかかわらず、彼女の政治家としての資質を糾弾しないマスメディアのゆゆしき現状である。

他方で、一一月上旬、米統合参謀本部のマーク・ミリー議長は、ロシア軍の死傷者が一〇万人を超えたと発言した。一二月三〇日現在、オープンソースで確認されたロシア軍死亡者数は一万七一一人だ。

代理戦争の宿命

ウクライナ戦争は、単純化していえば、「ロシア軍対ウクライナ軍」の構図で展開されている。しかし、実際には、米国を中心とする欧米諸国からのウクライナへの武器供与によってウクライナ軍がNATO軍の代理としてロシア軍と戦火を交えている。ウクライナがNATO加盟国でないために、NATO第五条の集団安全保障規定が適用されないため、ウクライナへの攻撃を自国への攻撃とみなしてNATO加盟国が結束してロシアと戦うことができないのだ。逆にいえば、ロシアは最初からこの点をよく承知したうえで、ウクライナがNATOに加盟する前にウクライナを叩こうとしたに違いない。

欧米はウクライナに殺傷性の高い武器のほか、無人機（ドローン）などを供与している。英国の当時の首相、ボリス・ジョンソンは、ウクライナへの二回目の電撃訪問をした六月一七日、英国が一二〇日ごとに一万人規模の兵士を訓練する計画を提案した。こうなると、もうウクライナ軍がまさにNATOの代理としてロシアと戦争をしているようなものなのだ。

すでに解説したように、ゼレンスキーは戦争を継続することで自らの権力を維持できる。欧米各国は、武器輸出というコストはかかるが、自国兵士の殺傷リスクはない。武器供与と同時に、対ロ制裁を強化すれば、自国経済への副作用も覚悟しなければならない。それでも、結果主義に立ってロシアだけを悪者にするには、こうした政策をつづけるしかない。そうなると、ウクライナ戦争が長期化する可能性が高くなってしまう。

2　「ファシスト・ロシア」を撲滅したいネオコンの「嘘」

まずは、ネオコンないしリベラルな覇権主義者がその影響力を使って、マスメディアにミスインフォメーション（誤報）やディスインフォメーション（意図的で不正確な情報）を流して、あくまでロシアを弱体化させようとしている問題を紹介したい。そのためには、時間がかかるから、彼らはウクライナ戦争の長期化もやむなしと考えている。

「ロシアはファシストだ」

ここではまず、ＮＹＴに掲載されたティモシー・スナイダーというエール大学歴史学部教授の「私たちはそれをいうべきだ。ロシアはファシストだ」という意見[5]について紹介するところからはじめたい。これが正しければ、「ファシストが抹殺されるまで戦うべきだ」と考える人々が少なからず存在するであろうからである。

スナイダーの説明では、ファシズムはイタリア起源で、ルーマニアで人気を集めた。ルーマニアでは、ファシストは暴力による浄化を夢見る正統派キリスト教徒であった。ファシストは欧州中に信奉者をもっていたが、米国にもいた。ただし、スナイダーは満足のいくかたちでファシズムを定義することはできないとしている。彼はもっともらしく、「今日のロシアは学者が適用する傾向のあるほとんどの基準に適合している」と書いている。だが、「ロシアには一人の指導者の中心とした「カルト」がある」とする挑発的な記述をみて、私は、スナイダーの意見に大きな疑問を抱いた（彼は、『ブラッドランド：ヒトラーとスターリン　大虐殺の真実』と『ブラックアース：ホロコーストの歴史と警告』などで知られている）。ファシズムやファシストを定義せず、カルトといった概念を持ち出して議論しようとすること自体、まったくおかしなことではないだろうか。

さらに読み進めてみると、「結局のところ、ナチスの思想家カール・シュミットがいったように、ファシスト政治（fascist politics）は敵の定義から始まるのである」と書いている。しかしこの記述は間違いだ。シュミットは、「政治的な現象は、敵／友の集団が常に存在する可能性という文脈でのみ理解することができ、この可能性が道徳、美学、経済学を意味する側面に関係なく、そう理解することができる」と『政治的なものの概念』（The Concept of the Political, Expanded Edition, The University of Chicago Press, 2007, p.35）で指摘したにすぎない。

スナイダーは明らかに嘘をついている。ファシズムが敵／友を区別するのではなく、政治が敵／友を区別するのである。

スナイダーは何としても、ロシアやプーチンをファシストに見せかけたいようにみえる。ファシスト・プーチンを死に追いやるまで、あるいはロシアという国家を殲滅するまで、徹底抗戦すべきであると主張するためだ。「ウクライナが勝たなければ、何十年も暗闇が続くだろう」という最後の文章は、ウクライナの国民だけでなく、欧米の民主主義国家に属する人々への復讐心を煽るための脅しの響きをもっている。少なくとも「真理」を探究している学者の発言とは思えない。

The Economist による煽動

七月になると、今度は The Economist が「ロシア・ファシズム」なるものを喧伝するようになる。二〇二二年七月末、「ウラジーミル・プーチンは、ロシア・ファシズムという特有のブランドの虜になっている」という長文の記事[6]が登場する。タイトルに現れているように、プーチンのファシズムのもとで、ロシアは後戻りのできない道を歩んでいるという主張が展開されている。

この記事でも、ファシズムが定義されていない。「ロシア・ファシズムとは何か」という問いを掲げて、「その定義は定かではないが、例外主義とルサンチマン（復讐感情）を糧とし、屈辱から生まれる嫉妬とフラストレーションが混在しているのである」とのべている。そのうえで、「ロシアの場合、この屈辱の源泉は外国勢力による敗北ではなく、国民が自国の支配者の手によって受けた虐待にある」とし、「代理権を奪われ、当局を恐れる彼らは、国家に指名された敵に想像上の復讐をすることで補償を求める」という。スナイダーと同じく、敵をつくって、それに復讐するというところにファシズムの特徴があるとみなしているらしい。加えて、「ファシズムにはパフォーマンス（集会や制服のことを考える）があり、本物の暴力のスリルが混じっている」という。あの「Z」のマークはナチスの「卐」（ハーケンクロイツ）を思い起こさせる。

ファシズムとスターリニズムの違い

この記事は、ロシアをファシズム国家と印象づけるためにめちゃくちゃなことを書いている。そこで、ちょうど二〇二二年七月に刊行されたばかりの大澤真幸著『〈世界史〉の哲学　現代篇　フロイトからファシズムへ』を参考にしながら、ファシズムについて整理しておきたい。

ファシズムというとき、この言葉の由来となったファシスト党のイタリアよりも、ナチス（国民社会主義ドイツ労働者党）の支配したドイツのほうがより典型的なファシズムであったと思われる。ファシズムの特徴は、①カリスマ的指導者の出現（個人崇拝）、②党と政府の二重権力（ナチスの場合）、③「敵」へのおぞましい態度・行動――にある。ドイツではアドルフ・ヒトラー、イタリアではベニート・ムッソリーニ、ソ連ではヨシフ・スターリンへの個人崇拝があった。ドイツやソ連では、ナチスやソ連共産党が政府を支配するという二重権力体制を構築していた。その意味で、ファシズムとスターリニズムはよく似ている。だが、「敵」へのおぞましい態度・行動という点で、二つは大きな違いがある。

ファシズム（ナチズム）はユダヤ人を敵とした。スターリニズムにとっての敵はだれか。それはソ連共産党員やソ連人民であった。少なくとも五〇〇万のユダヤ人を虐殺したファシズムに対して、スターリニズムは控え目にみて一三四万人余りの党員や民衆が犠牲になった。両者を比較しながら、大澤はつぎのようにまとめている（一九六頁）。

「ファシズムにあっては、敵は、特定のカテゴリーの人間、特定の人種だった。敵は、ユダヤ人に集約された。他の人種や精神障害者、同性愛者等も差別され、迫害されたが、最も悪い敵は、ユダヤ人であった。では、敵をこのように特定のカテゴリーの集団に絞り込んでいた限定をはずしてしまったらどうなるだろうか。つまり敵をどこまでも一般化したらどうなるか。敵と友との区別があいまいになり、最終的には「友＝敵」という等式にまで至るのではないか。これが、スターリニズムの下で生じたことではないだろうか。」

ナチスはユダヤ人の虐殺のためにユダヤ人をでっち上げることはなかった。逆に、スターリンのもとでは、粛清のために「告白」という裁判手続きが重視され、そこにでっち上げが横行した。裏切者とみなされた者に罪を捏造し、冤罪を乱発する。つまり、ファシストは、敵を排除しようとした事実そのものを排除・隠蔽しようとしたのに対して、スターリニストは、敵に公開の場で告白させることに執着した。

もう一つ、ファシズムがロシア革命後の共産主義の「成功」ないし「脅威」に対する反応として台頭してきた点を確認する必要がある。

したがって、ファシズムとスターリニズムとは区別されなければならない。同じく、プーチンによるロシア支配の現状を安易にファシズムと同じだなどと軽々に断じるべきではない。もしそんなことをすれば、それだけでその軽挙妄動にきな臭さを感じることになる。そう、ディスインフォメーション（意図的で不正確な情報）工作によって、プーチンをヒトラー並みの極悪人に仕立て上げ、ユダヤ人のヒトラーへの復讐と同じく、プーチンへの復讐を行うよう煽動しようとしているようにみえてくるのだ。

なぜ「嘘」までつくのか

米国や欧州の主要マスメディアや学者は、なぜこうした露骨なディスインフォメーション工作をするのだろうか。その答えは、こうしたメディアに影響力をもつユダヤ系米国人の一部がウクライナ戦争に積極的に加担しているからにほかならないのではないか。
拙著『復讐としてのウクライナ戦争』に詳述したように、ウクライナ戦争は米国のいわゆる「ネオコン」(新保守主義ないし新保守主義者)が過去のロシアへの復讐を果たすという側面をもっている。ネオコンのなかには、ユダヤ系米国人が多い。彼らにとって、ソ連時代からロシアは「敵」だ。

一九世紀から二〇世紀にかけてロシア帝国内(主に入植地圏)で起こったユダヤ人に対する攻撃を説明する言葉として「ポグロム」というロシア語がある。有名なポグロムには、一八二一年のオデッサ(オデーサ)におけるユダヤ人に対する暴動のほか、ワルシャワのポグロム(一八八一)、現モルドバの首都キシナウのポグロム(一九〇三)、キエフ(キーウ)のポグロム(一九〇五)などがある。ロシア帝国におけるポグロムは、一八二一年から一八七一年までの散発的なポグロム、一八八一年から一八八四年の波、一九〇五年から一九〇七年の革命時の激化、内戦時の四期に分けるのが一般的だ。こう考えると、ロシア革命がポグロムに何度もあってきたユダヤ人による復讐劇であった面を否定することは難しい。何しろ、革命を主導した者の多くはレーニンをはじめとしてユダヤ系の人々であったのだから。

そうした彼らを虐殺したのがスターリンということになる。こうしたなかで、ロシアやウクライナなどから米国への逃避を余儀なくされたユダヤ人のなかに、「ロシア憎し」で凝り固まり、いまでは民主主義の輸出という名目のもとにロシアの弱体化による復讐を成し遂げようとする人がいる。

こうした人々はマスメディアへの強い影響力をもっている。ゆえに、二〇一四年二月のクーデターに際して、ネオコンがウクライナのナショナリストを煽動していた事実を事実上、隠蔽することに成功した。実際、みなさんのほとんどすべては、二〇一四年のウクライナ危機を知らないか、忘れたか、あるいはプーチンの「仕業」とみなしてきたのではないか。

これに味をしめたマスメディアはウクライナ戦争において、「極悪非道のプーチン」を印象づけてロシアを徹底的に弱体化するまでウクライナに武器供給をつづけようとしているのだ。どうせユダヤ系米国人にとってウクライナは「遠い国」であり、そこがどうなろうと自分たちには関係ないとでも高をくくっているようにみえる。だからこそ、ウクライナ戦争の長期化が懸念されるというわけだ。

二〇二二年八月八日、アントニー・ブリンケン米国務長官は訪問先のアフリカで、ロシアがウクライナを虐げ、反対されることなくウクライナの領土を奪うことが許された場合、欧州だけでなく世界各地で同様のことが起きると警告した。さんざんナショナリストを焚きつけて選挙で選ばれて大統領に就任していたヤヌコヴィッチ大統領を武力で追い出しておきながら、そうした自らの行為については何もふれないまま、ロシアだけを一方的に悪者にしようとするブリンケンの神経を私は理解できない。

加えて、「世界各地で同様のことが起きる」という根拠はまったく示されていない。拙著

『復讐としてのウクライナ戦争』に書いたように、ウクライナ戦争はキリスト教世界で起きた現象であり、それが非キリスト教圏に簡単に飛び火するとは思えないのだ。

バイデン親子の腐敗

ウクライナにバイデン大統領は深くかかわってきた。バラク・オバマ政権下で副大統領を務めていた当時、彼はウクライナを担当していた。それだけではない。彼の息子ハンターは父親がウクライナ担当であるという虎の威のもとで、ごっそりと利益を得た。ウクライナの民間石油ガス会社（Burisma Holdings）は、ハンターが二〇一四年四月一八日に取締役に就任したと公表し、同月、同社取締役にデェボン・アーチャーも就任していた。彼は、ジョン・ケリー国務長官家の友人で、ハンターの親友である。バイデン副大統領側は、あくまで息子は民間人であり、法律家として民間企業の取締役に就任したにすぎないと強弁してきたが、月最高五万ドルの給与で取締役会に参加してきたのには理由があったはずだった。

二〇一四年当時のバイデン親子の「道徳的不正」をめぐって、二〇二二年に動きがあった。それは、連邦捜査局（ＦＢＩ）が二〇二〇年の大統領選において、民主党候補、すなわちジョー・バイデンを支援するためにさまざまな圧力をかけてきたことが改めて問題化したのである。他方で、トランプ出馬を妨害するために、ＦＢＩは政治的ともいえるトランプへの捜査を行ってきた。

二〇二二年八月、メタの最高経営責任者マーク・ザッカーバーグは、ジョー・ローガンのポッドキャストでインタビューに応じ、フェイスブックが二〇二〇年の選挙中にハンターに関する記事を制限したのは、ＦＢＩの誤報警告に基づくものだったと語った。

この記事とは、二〇二〇年一〇月一四日に公表された「ニューヨーク・ポスト」の特ダネ[7]であった。同紙が入手した電子メールによると、「長老バイデンがウクライナの政府高官に圧力をかけ、同社を調査していた検察官を解雇させる一年も前に、ハンター・バイデンが父親で当時の副大統領ジョー・バイデンをウクライナのエネルギー会社の幹部に紹介したことが明らかになった」というのである。これは、「息子と海外取引について話したことはない」というジョー・バイデンの主張とは真逆のもので、ハンターの修理に出されたノートパソコンから回収された膨大なデータの中に含まれていたものだった。もしこの「事実」が大々的に報道されていれば、バイデンの当選はなかったともいわれる、いわくつきの問題に再びスポットが当てられていることになる（詳しくは拙稿「トランプ弾劾審議の源流はバイデン父子の腐敗問題ウクライナ危機下のバイデン父子の動きを追うと見えてくる不都合な事実[8]」を参照）。

公正を期すため、二〇二二年八月二六日付のＢＢＣ[9]によると、問題のハードディスクは、トランプ自身の弁護士であるルディ・ジュリアーニからニューヨーク・ポスト紙に提供されたものだった。記事が掲載されてから一年以上経ってから、「ワシントン・ポスト」は独自の分析を行い、ノートパソコンと一部の電子メールは本物である可能性が高いが、大半のデータは

「データのずさんな扱い」のために検証できなかったと結論づけたという。「ニューヨーク・タイムズ」など、かつて懐疑的だった他の報道機関も、少なくとも一部の電子メールは本物であると認めている。

つまり、バイデンが真っ赤な嘘をついていた可能性がきわめて高いのだ。ゆえに、ザッカーバーグはローガンとのインタビューで、「ニューヨーク・ポスト」の報道を抑えたことを後悔していることを認め、「ああ、そうだね。つまり、最悪だ」とのべたのであった。

すでに、二〇二二年五月五日、ミズーリ州とルイジアナ州の司法長官は、ルイジアナ州西部地区の連邦地方裁判所に、バイデン大統領、ホワイトハウスのジェン・サキ報道官、アンソニー・ファウチ博士、その他の政権高官が、ビッグテックのソーシャルメディア企業と圧力共謀により、ハンター・バイデンのノートパソコンの話、新型コロナウィルス感染症（COVID－19）の起源、パンデミックの際の郵便投票の安全性に関する情報を検閲し弾圧したとして、訴えを起こした。

「ニューヨーク・タイムズ」や「ワシントン・ポスト」は公然と民主党を応援している。そのために、不都合な事実は無視してきた。その結果、民主党とＦＢＩとの結託が隠蔽されてきたのである。しかも、それはバイデン親子のウクライナでの「道徳的不正」を隠すためであったと思われる。ここに記したことが一〇〇％真実であるとはいわないが、少なくともマスメディアの報道を鵜呑みにしてはならないことくらいはわかってもらえただろうか。

3　プーチンによる復讐劇

プーチンもまたウクライナ戦争から簡単に手を引くわけにはいかない。なぜなら彼の掲げた「非軍事化」と「非ナチ化」の二つの目的を成し遂げないかぎり、ロシア国内における自らの権力が揺さぶられかねないからである。

「非ナチ化」という目標はウクライナへの復讐心から生まれたものだ。ウクライナの超過激なナショナリストによってウクライナのロシア系住民が「虐殺」されながら、罪にも問われていない状況に対するプーチンの憤怒はすさまじい。だからこそ、彼らに対する復讐を実行するまで振りあげたこぶしを下すわけにはいかないのだ。

興味深いのは、プーチンが激戦地マリウポリで捕虜となったウクライナの兵士を公開裁判にかけようとしている問題だ。ロシア占領下の町オレニフカ（イエレノフカ）にある収容所に集められていたウクライナ人捕虜が少なくとも五〇人死亡したという話を説明した際書いておいたように、マリウポリの要塞化によって守りを固めていたウクライナ兵のなかに、ウクライナの超過激なナショナリストら（プーチンのいうネオナチ）らで構成されるアゾフ連隊の兵員が数多くいたことは間違いない。

プーチンとしては、彼らを公開裁判にかけることで、彼らの悪事をあぶり出し、裁判によって「処刑」するという手続きをとりたいはずなのだ（九月になって、ロシア側の捕虜となっていたアゾフ連隊の一〇八人を含む二一五人がメドヴェドチュクおよび五五人のロシア軍人と交換されたことで、このシナリオは崩れている。とくに、アゾフ連隊の司令官を交換対象としたことはプーチンのねらいがどこにあるかを疑問視させている）。だが、これに対して、国連人権高等弁務官事務所の広報担当者は、占領地マリウポリのフィルハーモニー劇場の舞台で、捕虜となったウクライナ兵を裁く何らかの法廷を準備しているとみられる巨大な金属製の檻の写真や動画が公開されたことに反応して、「国際法は捕虜を裁くためだけの裁判所の設置を禁じている」と批判している。

ここで思い出してほしいのは、粛清のための「告白」という裁判手続きを重視したスターリンのことである。プーチンもまた、裁判を通じて、捕虜に「告白」を迫り、プーチンのいう「ネオナチ」の非道さをアピールしたいに違いない。

こうした裁判を通じて、ロシア国民の目に見えるかたちで「非ナチ化」がなされなければ、復讐戦としてのウクライナ戦争は決して終結しないだろう。

ロシアの兵員確保問題

よく知られているように、ロシア軍は兵員不足に苦しんでいる。「ロシアは六カ月足らずの間に七、八万人の犠牲者を出している」かもしれない状況のもとでは、兵士も軍備も充足しているとは考えにくい。

それにもかかわらず、プーチンは戒厳令の布告のもとでの総動員令による軍人確保に舵を切ってこなかった。戦争を宣言することもあえて避けている。戦争を宣言して総動員体制を構築し、年二回実施している徴兵以外の徴兵に踏み切れば、国民の反発を受けることを警戒しているためである。戦争勃発後七カ月間ほどは、契約兵を集めて激戦地に派遣するというやり方がとられてきた。その場合には、政府は平均賃金の三倍といった金額を提供したり、刑務所にいる囚人を勧誘したりと、なりふりかまわない兵員募集が行われた。

プーチンは五月二五日、兵役義務および兵役に関する連邦法改正案[10]に署名し、最初の兵役契約を締結しようとする者の年齢上限を撤廃した。以前は、一八歳～四〇歳の個人と一八歳～三〇歳の外国人が最初の兵役契約を締結する権利を持っていたが、この改正により、現在、この制限は撤廃され、労働年齢に達するまでの高齢者も、契約に基づいて兵役に就くことができるようになった。これは、男性の場合、四〇歳ではなく六五歳まで兵役に就けることを意味している。そのねらいは明らかに兵員の確保にある。

兵員不足の深刻化から、九月二一日、プーチンは大統領令「ロシア連邦における部分的な動員を宣言すること[11]」に署名した。その一項で、「二〇二二年九月二一日付でロシア連邦に一部動員を宣言する」としている。具体的には兵員を召集するというもので、その数が書かれているとみられる七項は公表されていない。ショイグ国防相が別途明らかにしたところでは、予備役約三〇万人を召集する計画だ。ショイグ自身は予備役の総数（徴兵資格をもつ成人数か）を二五〇〇万人と推定し、約三〇万人は動員資源の一・一％の部分動員にしかならないと説明している。一〇月四日になって、ショイグは二〇万人以上の予備役の訓練を開始したと発表した。

だが、欧米機関の分析[12]では、ロシアの予備役総数は約二〇〇万人強にすぎない。二〇二〇年九月の公表された戦略国際問題研究所（ＣＳＩＳ）の情報[13]によると、現役復帰の可能性がある退役軍人は九〇万人以上いるが、「現在ロシアが召集できる現役予備軍はわずか四〇〇〇～五〇〇〇人である」と指摘されている。徴兵された兵士のうち、現役を終えた後の五年間に再教育を受けるのは一〇％以下であるとみている。

興味深いのは、ロシアが部分動員を発表してから一日足らずで、ロシアから海外のビザなし渡航可能な都市への航空券の価格が、一〇～一五倍に跳ね上がったと報道[14]されていることだ。具体的には、カザフスタン、アルメニア、トルコ、ウズベキスタン、アラブ首長国連邦（ＵＡＥ）などの海外都市に人気が集中した。ＩＴの専門家らが頭脳流出した点が注目される。ほかにも、グーグルの検索トレンドでは、「ロシアを離れる方法」や「自宅で腕を折る方法」といった検索が急増し、一部のロシア人が戦争を避けるために自傷行為に訴えることを考えているのではないかとの憶測を呼んだとの報道[15]がある。

たとえば、九月二七日カザフスタン内務省は、九月二一日以降、「約九万八〇〇〇人のロシア人が入国し」、「六万四二三四人のロシア人が出国した」と報告した。グルジアの内相は、動員を発表した九月二一日から五万三〇〇〇人以上がロシアから同国に渡ったとのべた。ラトビアを拠点とするロシアの独立系新聞「ノーヴァヤ・ガゼータ・ヨーロッパ」[16]は、無名の情報提供者による治安機関の推定を引用し、九月二四日夕方までに二六万一〇〇〇人が国外へ脱出したと伝えた。注目すべきなのは、ゼレンスキーが一八歳から六〇歳の男性の出国を禁止したのに対して、プーチンは何もしなかったことである。

4 ロシアの経済不振と戦時経済化

もちろん、戦争が長期化すれば、ロシア経済は苦しくなる（拙著『プーチン 3.0』を参照）。すでに、対ロ経済制裁による悪影響も目立つようになっている。ところが、日本では、「ロシアへの経済制裁は必ずしも効果を上げていないようです」という一文ではじまる記事[17]を書く者もいる。田村秀男という産経新聞特別記者、編集委員兼論説委員が二〇二二年一一月二五日にアップロードしたものだ。

「ハロー効果」から、この人の言説を信じてしまう人もいるかもしれない。だが、この主張は間違っている。学者であろうと、新聞記者であろうと、ある問題を考察する際には、先行研究を比較検討するというのが常道である。対ロ制裁がロシア経済におよぼしている影響について考察するには、この問題について論じられている数々の論考を熟読することからはじめるのが基本だろう。私は過去において、『ロシアの軍需産業』（岩波新書）、『「軍事大国」ロシアの虚実』（岩波書店）でロシアの軍事と経済のかかわりを分析したが、その際も、まず先行業績を徹底的に分析した。

こうした私からみると、対ロ制裁について論じている日本人の多くは、このもっとも基本的な学問への姿勢がまったくできていないようにみえる。唯一、信頼できる研究は、二〇二二年七月にまとめられたＮＩＲＡの報告書『ロシアのウクライナ侵攻』のなかで、田畑伸一郎が書いた「ロシアへの経済制裁とその影響―短期的変化と長期的展望―」くらいだろう。

海外に目を転じると、ウラジーミル・ミロフが書いた論文[18]およびイェール大学のジェフリー・ソネンフェルドらの論文[19]が役に立つ。ここでは、比較的最近になって公表された、この二つの論考を参考にしながら、対ロ制裁で深刻化するロシア経済の実態について考察してみたい。

ソネンフェルドらの論文：「表面下ではすでに深刻な緊張状態」

まず、ソネンフェルドらの論文を紹介したい。彼らはまず、ロシア経済の状況判断が困難になっている点を率直に確認している。第一に、ロシアの経済発表は、「有利な統計はそのままに、不利な統計を選択的に捨て、部分的で、不完全なものを選ぶようになってきている」というのだ。とくにヨーロッパとの輸出入に関するものを含むすべての対外貿易データ、石油・ガスの月次生産量データ、商品輸出量、資本流入・流出、主要企業の財務諸表、中央銀行のマネタリーベースデータ、外国直接投資データ、貸出・融資実行データ、その他信用供与に関するデータなど、戦前は月次で更新されていた経済指標の一部をロシア政府はもう公開していない。第二に、公表された有利な統計でさえ疑わしいと指摘されている。政治的圧力で、より有利な数値に化粧されている可能性が捨てきれないのだ。第三に、ほとんどすべてのバラ色の予測や予想は、最近の数週間、数カ月の最新の数字ではなく、制裁や事業撤退が完全に効いていなかった侵攻後の初期の経済発表をもとに作成された結果であり、合理性に欠けるという。

こうした困難な状況を踏まえたうえで、ソネンフェルドらの論文では、「経済活動の指標をマクロ経済学的に詳細に分析すると、ロシアの商品輸出は、石油やガスの輸出から得られるエネルギー収入に限らず、商品全体にわたって、表面下ではすでに深刻な緊張状態にあり、西側よりもロシアにはるかに大きな打撃を与えていることがわかる」と指摘されている。

興味深いのは、輸入減少がロシア経済のボトルネックを示している点である。論文では、「ロシアへの輸入の流れは、侵攻後数カ月で大きく減速している。ロシアの主要貿易相手国からの貿易データ（クレムリンはもはや独自の輸入データを発表していないため）をみてみると、ロシアの輸入は侵攻後の最初の数カ月で五〇％以上減少していることがわかる」と記されている。欧米諸国の対ロ輸出禁止措置などによって、ロシアの輸入が減少したのだが、これに対して、ロシアは輸入代替の促進や並行輸入の解禁などによって対処しようとしている。しかし、海外からの輸入品のうち、ベアリングをはじめとする工業製品や、各種ソフトウェアの代替品を開発するのは簡単ではない。その結果、ロシアの製造業は窮地に立たされている。

頼みの中国からの輸入にしても、必ずしも十分ではない。「実際、中国の貿易データを詳細に管理し、個々の貿易相手国への輸出を細かく分類している中国税関総署の最近の月次発表によると、中国の対ロ輸出は年初から四月にかけて五〇％激減し、二〇二一年末には毎月八〇億ドルを超えていたのが、四月には四〇億ドル以下に落ち込んでいる」とのべられている。米国による対中二次制裁を恐れて、中国はロシアとの貿易だけでなく、対ロ融資などにも慎重姿勢を崩していないのだ。

長期的な経済見通しとして、ソネンフェルドらの論文が指摘しているのは、貿易収支の悪化と国内経済の低迷に加えて、①ロシアからのビジネス逃避、②ロシアからの資本逃避、③ロシアからの人口逃避の三重苦である。

ミロフ論文：深刻な製造業、小売業も縮小

つぎにミロフ論文を紹介したい。彼はまず、「制裁の効果をどう測定するか？」と問うている。ロシアのマクロ経済指標は小幅な経済収縮しか示していないというのが通説となっている。公式データによれば、二〇二二年の九カ月後のＧＤＰは年率二％の減少にとどまり、連邦予算は少なくとも九月末までは黒字を示しており、モスクワ証券取引所でルーブルは名目上強く

なっている。ゆえに、「制裁が効いていない」と主張することもできる。

だが、ミロフは「よくみると、おそらくそうではない」と書いている。実際には、「軍事費と製造業の急増によって深刻に歪められたはずの公式GDPの数字よりもはるかに深い経済収縮を示している」というのが彼の見立てだ。

彼が注目するのは、ロシア連邦予算の非石油・ガス収入（NOGR）、つまり石油・ガス輸出に関連しないすべての税金と収入である。NOGRの重要な構成要素は、付加価値税と法人税（NOGRの七〇％以上）の連邦負担分による収入である。NOGRは、実際の経済活動の貴重な指標であるだけでなく、企業が経験する財務上および経営上の困難を示すという点でも非常に重要な指標ということになる。

ロシア財務省の発表によると、二〇二二年の九カ月間の石油・ガス以外の連邦収入総額は、二〇二一年の同じ九カ月間と比較して四・三％減少した。二〇二一年、二〇二〇年のNOGRはそれぞれ前年比一五・八％、一五・三％増であった。非石油・ガス収入の縮小は、二〇二二年の最初の八カ月間に公式に報告されたGDPの小幅な一・五％の減少よりも、経済活動の縮小がはるかに大きいことを示唆している、とミロフは判断している。

さらに、小売業と運輸業の売上高の落ち込みも経済収縮の深刻さを示しているという。小売業は四月に前年同月比九・八％減となり、その後も改善は見られず、七～八月には前年同月比九％減となった。一〇月初旬、プーチンは、九月二一日に軍事動員を発表して以来、小売業がさらに急落していると公に不満を表明したことも重要だろう。

深刻な製造業

二〇二二年五月に上梓した拙著『プーチン3.0』のなかで、「いずれにしても、『経済はごまかせない』から、プーチンの権力基盤は景気後退と失業者の増加によって揺さぶられることになるだろう」と指摘しておいた（一七九頁）。とくに、「供給不足という脅威」（第五章第四節）のなかで、製造業が制裁によって大いに打撃を受けていると論じた。

この主張はミロフの考察によって裏づけられている。論文では、二〇二二年九月時点で、鉄道機関車の製造は前年比二〇～三〇％減、鉄道貨物用客車は三二％減、自動車用ボディは四四％減、貨物輸送車は三四％減、五トン未満のバスは五一％（五トン以上は二一％）減、内燃エンジンは三七％減、鉛バッテリーは一〇％減、遠心分離機は一五％減、電気自動車は一五％減などの例が示されている。

ロシア経済を支えてきた石油・ガスにしても、七～九月期のガス輸出量は前年同期比四〇％以上減少し、ガス生産量も二六％減少した。ロシア産原油価格の指標であるウラル原油価格が二〇二一年よりも約一〇％高かったにもかかわらず、九月の石油・ガス総収入は、前年同期比四・五％減であった。事態は確実に深刻化しているのである。

輸入の崩壊

ソネンフェルドらの論文と同じく、ミロフ論文でも、輸入の崩壊を問題視している。「二〇二二年一〇月のロシア関税庁の推計では、輸入は前年比六五～七五％減少している」というのだ。輸入の減少は、製造業、運輸、通信、サービス業のための重要な投資や中間財といった供給面だけでなく、需要面でも打撃を与える。ロシア人は価格競争力のある高品質の消費財を手に入れることができなくなるのである。ロシア政府は、二〇二二年三月三〇日に、権利者の同意なしにオリジナル商品を輸入する、いわゆる並行輸入を許可したが、仕入れや物流コストが著しく高いため、インフレの原因にもなっている。他方、すでに指摘したように、輸入代替は進んでいない。消費者需要・所得の収縮も輸入減少につながっている。

財政面の危機

財政面をみると、開戦以来、国際石油価格が高騰したことで、ロシアの予算は五月末までに約一兆五〇〇〇億ルーブル（三月にロシア中央銀行がルーブルの兌換《だかん》を事実上停止したため、実効兌換レートは不明だが、一ドル＝六〇・六五ルーブルと仮定すると、二四七億ドル）の黒字を積み上げてきた。しかし、石油・ガスや非石油・ガスの税収の減少、支出の増加により、「九月末には事実上の黒字が解消された」とミロフは指摘している。

では、プーチンの懐にはどれだけの金が残っているのか。ロシアには、国民福祉基金（ＮＷ

F）という予備資金がある。ロシア財務省が中央銀行に預けている資金で、実質的には石油・ガス輸出の超過収益が過去数年間蓄積されたものである。表向きは中央銀行の外貨準備の一部だが、欧米が中央銀行の資産を凍結した際にもNWFは凍結されず、そのまま政府が使用できる資金として残っている。同基金は二〇二二年一〇月一日時点で一〇・八兆ルーブル（二月一日の一三・六兆ルーブルから減少）蓄積されているが、ロシア財務省によると、このうち実際の現金である「流動性資金」は七・五兆ルーブルに過ぎないという。残りはロシアの大企業や銀行の株式や債券などの金融商品で運用されており、すぐに回収することはできない。「二〇二二年六〜九月期の財政黒字の減少ペースを考えると、NWFの資金のうち流動性の高い部分は一年半程度で使い切る可能性があると想定できる」と、ミロフは記している。NWFを使い果たすと、政府は予算確保のために「赤字国債」の大量発行をせざるをえなくなり、インフレ懸念が高まる。

軍事動員による経済への打撃

ロシアがかかえているのは、対ロ制裁による経済への直接的影響だけではない。二〇二二年九月二一日からはじまった「部分的動員」（一〇月末、プーチンはその完了を宣言し、三一万八〇〇〇人が召集されたとした［実際には五〇万人を超えている模様だ］）による経済への打撃についても考慮しなければならない。動員は、需要の急激な縮小、熟練労働者の不足の急増、国民による銀行からの大規模な現金引き出しなど、経済に明らかな打撃をもたらしているのである。

連邦国家統計局によると、工業生産高は九月の前年同月比三・一％減に対し、一〇月は同二・六％減となった（二〇二二年一～一〇月の工業生産高は前年同期比ほぼ同水準［〇・一％増］）。一〇月の鉱工業生産は、年初来初めて二〇一九年同月と同じ水準（マイナス〇・一％）となったという。

深刻なのは、労働力不足である。「ロシア経済発展省の推計によると、一〇月だけでロシアの労働力は六〇万人減少した」とミロフは指摘している。徴兵された人数にしても、三〇万人ではなく、本当は「一〇月中旬までに徴兵された男性の数は最低四九万二〇〇〇人」とする報道[20]まである。他方で、徴兵忌避のために国外に逃れた人々もいる。後者については、優秀な人材や熟練労働者が多く含まれているとみられている。

一一月になって、「ロシアの工業企業の三分の一までが部分的な動員により記録的な労働力不足に直面する可能性があると推定している」との記事がロシアの有力紙「コメルサント」[21]に掲載されている。ガイダール経済政策研究所の世論調査（一〇月実施）からわかったもので、一〇月末の人員不足の見積もりバランスが「ディープマイナス」（回答バランスでマイナス三〇％）になっており、約三分の一の産業がこの問題に直面していることになるという。この報告書の著者によると、最も人員が不足しているのは、軽工業（七〇％減）、機械製造業（三五％減）、食品製造業（二五％減）であった。

一一月二八日付の「コメルサント」[22]によれば、パンデミック最盛期に人手不足に対応できなかった建設業界は、再び深刻な問題に直面している。この時点で、「業界では必要な労働力がほぼ二五％不足している」というのだ。建設業界が深刻な人手不足に陥ったのは、パンデミックの最中、出稼ぎ労働者が大量に帰国するようになったことがきっかけだった。ウクライナ戦争勃発以降になると、一部の出稼ぎ労働者が中央アジア諸国などからロシアに戻った（内務省によると、四～六月にロシアに到着した移民労働者は三一二万人で、前年同期より一〇〇万人近く増えている）。戦争勃発後にルーブル高となったことで、出稼ぎ労働者が戻ってきたが、その増加は前年同期のパンデミックによる低水準の反動と考えられる。

部分的動員の開始後になると、労働力不足はより顕著になる。そのため、政府は一一月一〇日付の政令[23]で、ウズベク人をロシアの労働市場に呼び込むための制度変更を決めた。二〇二一年一〇月六日付の政府決定である「建設や農業工業複合体の経済活動に従事するロシアの法人で一時的な労働活動を行うためにウズベキスタン共和国の市民を誘致するためのパイロットプロジェクトの実施」にかかわる政令を変更し、彼らの入国制限を撤廃したのである。

ここで紹介した先駆的業績からわかるのは、対ロ制裁に加えて、部分的動員の導入がロシア経済に深刻な打撃を与えているということである。だからこそ、ミロフも、「対ロ制裁が『効いていない』『効果が薄い』と述べるのは大きな誤りである」と書いている。

戦時経済体制

二〇二二年九月の部分的動員の導入後、一〇月二一日付大統領令「ロシア連邦の軍隊、その他の軍隊、軍事組織、団体の必要性を満たすために、ロシア連邦政府の下にある調整会議について」によって調整会議（以下、「国防支援調整会議」）の設置が決まった。これこそ、いまの戦時経済体制を統制する最重要機関である。

ロシアには国防省傘下の軍のほかにも事実上の軍として、内務省軍、連邦国家警備隊（二〇一六年四月、ウラジーミル・プーチンによる大統領令によって設立された「連邦国家警備隊局」の属する軍隊で、当初、内務省軍一七万人のほか、警官の一部二〇万人、特殊部隊や迅速対応部隊の三万人の計四〇万人ほどを同機関に移す計画だった［詳しくは拙著『ロシアの最新国防分析（二〇一六年版）』を参照］）、国境警備隊、市民防衛隊などがある。こうした兵士を総動員して「特別軍事作戦」たるウクライナ戦争を戦い抜くために、軍産複合体による兵器製造などで協力体制を築こうとしているわけだ。

この大統領令によって承認された規則によると、国防支援調整会議は、「特別軍事作戦中のロシア連邦軍、その他の軍隊、軍事組織、団体のニーズを満たすことに関連する問題に対処するために、連邦行政機関とロシア連邦の構成団体の行政機関の間の交流を組織する目的で設立される」という。そのトップは首相が務める。そのメンバーはプーチン大統領によって承認される。メンバーを示した表2からわかるように、国防相はもちろん、連邦保安局長官、国家警

表2　国防支援調整会議のメンバー

ミシュスチン	首相（調整会議議長）
グリゴレンコ	副首相・官房長官（同副議長）
マントゥーロフ	副首相・産業商業相（同副議長）
ボルトニコフ	連邦保安局（FSB）長官
ゴリコワ	副首相
エゴロフ	連邦税務局長
ゾロトフ	ロシア連邦国家警備隊総司令官
コロコリツェフ	内務相
クレンコフ	ロシア連邦市民防衛・緊急事態・自然災害の影響排除担当大臣
リネツ	連邦大統領特殊プログラム総局長
ナルィシュキン	対外諜報局長官
ノヴァク	副首相
オレシュキン	大統領補佐官
レシェトニコフ	経済発展相
シルアノフ	財務相
ソビャニン	モスクワ市長
フスヌリン	副首相
チェルヌイシェンコ	副首相
ショイグ	国防相

（出所）大統領令から作成

備隊総司令官などのほか、軍産複合体に関連する産業商業相などもメンバーに入っている。

国防支援調整会議の主な任務は、①行政機関の活動を調整する決定を行う、②軍備、軍事用および特殊な装備、資源の提供に関する問題を解決する、③連邦軍、その他の部隊、軍事組織、団体のニーズを満たすための目標任務、その任務を果たすための重要分野と期限、およびその遂行状況の監視の決定、④目標任務の遂行計画の策定、⑤予算資金の範囲および方向を決定する、⑥必要な物品、作業および役務の価格の形成に関する問題の決定、⑦物品供給、作業遂行、サービス提供のための供給業者（請負業者、サービス業者）、下請業者、共同請負業者の選択のための提案の作成――など、多岐にわたっている。

なお、一一項目には、「調整会議の権限内の問題に関する決定は、連邦行政当局、ロシア連邦の構成団体の行政当局、地方当局、その他の機関および組織に対して拘束力をもつ」と定められており、きわめて強い権限を有していることがわかる。

国防支援調整会議の初会合は二〇二二年一〇月二四日に開催された。ここで、ドミトリー・グリゴレンコ副首相が規制・財政支援を担当し、デニス・マントゥーロフ副首相が武器・装備などの供給を担当することになった。これらの副首相のもとに専門作業部会などが設置される。会議の議長、ミハイル・ミシュスチン首相は会議の任務について、医療制度、産業、建設、輸送などの領域間の効果的な協力を構築することであり、また国家機関、地域、特別サービス間の連携を強化することであると説明した。

一〇月二六日には、プーチン大統領が同会議にはじめて出席した。プーチンは一〇月一九日に政令を出し、ドネツク人民共和国（DNR）、ルガンスク人民共和国（LNR）、ヘルソン、ザポリージャ州に戒厳令を導入する一方、国境地帯の八つの地域では中レベルの対応体制、南部連邦管区と中部連邦管区の対象地域には高レベルの対応体制、それ以外の地域では基本的な対応体制を導入したばかりであった。つまり、こうした逼迫する状況下で、軍事優先統治の調整のためにこの国防支援調整会議が設置されたことになる。

この国防支援調整会議は、二〇一七年一一月以降にはじまった経済の動員化の動きを急激に実行に移したものである。二〇一七年一一月、プーチンは国防省および軍産複合体（ロシア語では、通常、「国防産業複合体」）の指導者との会合で、所有形態にかかわらず、ロシアのすべての主要企業は軍事生産の急激な増加に備えるべきだとのべた。多くの人は、大統領がロシア経済の動員態勢を強化するための追加策を策定するよう指示したことを、民間部門を「戦時態勢」に入れようというシグナルと受け止めたという。つまり、この段階で、すでに軍事優先の経済体制への指向がプーチンに明確に存在していたことになる（なお、この時点において、ロシアには「動員準備・動員に関する連邦法」があり、企業が国家当局との契約に基づいて国家的な動員業務を行う際のルールを定めていた）。

これ以降、ソ連時代の国家計画委員会（ゴスプラン）の復活とまではいかないにしても、軍事優先の統制経済化が指向されるようになるのだ。意外かもしれないが、連邦国家統計局によると、二〇一六年時点で国営企業を含む国家組織はすでに、三一万一〇〇〇社、従業員は一八〇〇万人を超え、同年のＧＤＰにおける国家の割合は四六％（国営企業の生産高は七〇％）であった。ゆえに、国家による経済統制はますますやりやすい環境になっていたといえる。

こう考えると、ここで紹介した国防支援調整会議は「ゴスプラン2.0」になるかもしれない。二〇二三年二月一日、上院のワレンチナ・マトヴィエンコ議長は、ウクライナでの「特別軍事作戦」が終了するまで、連邦法第四四号「国家および自治体の必要性に応じた商品・労働・サービスの調達領域における契約制度について」の実施を一時停止することを上院本会議で提案した。これは、公共調達のスピードアップをはかるために、入札などのルールを定めた法律そのものを一時停止しようという大胆な提案だ。そのねらいは上意下達の指令・命令の幅を利かせることである。そう、ますます「ゴスプラン2.0」に向けた地ならしが進みつつあるのだ。

5 欧州の指導者不足

ウクライナ戦争を止めさせるためには、欧州の政治指導者にしっかりしてもらわなければならない。伝統的に、欧州の人々は非結果主義に与する人が多いはずだった。しかし、政治の分野では、米国にすり寄ることで自らの既得権を守ろうとする小粒な「政治屋」が実に多いように思われる。

そもそも、ウクライナ東部のドンバス地方の和平を定めた「ミンスク合意」を放置してきた責任の一端は欧州の指導者にある。そのなかで、ドイツの前首相アンゲラ・メルケルの責任は大きい。だが、彼女を圧し潰そうとする「力」が働いていたことはすでに紹介した。残念ながら、メルケル引退後、二〇一四年のウクライナ・クーデター前後からの事情に精通する欧州指導者はもはやだれもいない。これでは、米国政府のこれまでの挑発行為やその後の武器供与のほか、ウクライナのポロシェンコ、ゼレンスキー両大統領の不誠実をも断罪できるような人を見つけることはできない。

これに対して、米国政府には当時の責任者のヌーランドやバイデンがいる。これでは、米国政府の意向に背いたり、批判したりすることがきわめて難しい。要するに、非結果主義の立場から、ウクライナをめぐる過去の経緯を踏まえたうえでどう対処すべきかを道徳的に判断できるような指導者がヨーロッパにはいないのだ。

それどころか、米国政府の尻馬にのって、安易にロシアを叩けばそれですむといった結果主義思考の指導者ばかりが目立つ。

ひどすぎる欧州の政治指導者たち

二〇二二年八月二三日、クリミア半島を奪還するための協議体である「クリミア・プラットフォーム」の第二回サミットがキーウで開催された。二一年の四六の代表団より多い五〇を超す国々の代表がビデオなどのかたちで集った。実際にキーウにやってきたのは、ポーランドのアンジェイ・ドゥダ大統領一人だけだった。

このドゥダが良識を疑う演説をした。「クリミアはウクライナであり、グダニスクはポーランドである」というのだ。ドゥダにしてみれば、ドイツの港町ダンツィヒ（いまのグダンスク）があった時代を思い出してほしくないのであろう。さらに、彼は、バルト海の海底ガスパイプラインの「ノルドストリーム2」（NSP-2）の解体を要求した。クリミアがロシアの支配下に入った後にパイプラインの建設が始まったことを想起し、NSP-2の「完全解体」は

「西側の政策転換」の象徴となるはずだというのである。

ドゥダは傍若無人をきわめている。二〇二一年七月、欧州司法裁判所は、ポーランドの裁判官選出制度は政治的影響を直接受ける可能性があり、欧州法に「適合しない」との判決を下し、ポーランドに最高裁判所の懲戒委員会を解散するよう命じた。同年一〇月になって、欧州司法裁判所はポーランドの司法制度の見直しをめぐって物議を醸している七月の判決に従うまで、日額一〇〇万ユーロ（一二〇万ドル）の違約金を支払うよう命じた。二〇二一年九月には、欧州司法裁判所はチェコ国境に近いトゥロー炭鉱の閉鎖を怠ったポーランドに対し、一日五〇万ユーロ（五八万ドル）を支払うよう命じた。しかし、ポーランドがカネの支払いに応じなかったため、ポーランド向けのEUからの補助金や融資の提供が停止される事態に陥る。

二〇二二年六月一日、欧州委員会は、新型コロナウィルス感染症（COVID-19）の大流行からのポーランドの国家的復興に向けた数十億ユーロの資金提供計画を承認した。ポーランドは二三九億ユーロの補助金と一一五億ユーロの低利融資を受けられるようになる。ポーランド側は、欧州司法裁判所によって違法とされた裁判官の懲戒制度を、新しい「Chamber of Professional Responsibility」という制度に置き換えることを含む改革を部分的に変更することに同意し、この改正が五月末にポーランド議会の下院であるSejmを通過したことから、懸案に片がついたとEUが妥協したものだが、このポーランドの改革は表面的なもので、EUの基準に合致していないとの批判も根強い。ウクライナからの多数の難民を受け入れることで彼らを「人質」にとったようにふるまうポーランドに、ウルズラ・フォン・デア・ライエンEU委員長が安易に妥協したように映る。はっきりいえば、米国べったりのポーランドは米国政府の「虎の威」を利用してEUに圧力をかけることに成功しているのだ。

ポーランドに注意

日本の場合、マスメディアも学者も官僚も不勉強だから、ポーランドの現状についてあまり知られていないのではないかと心配になる。そこで、ごく簡単に私の認識を示しておきたい。まず、基本認識として、ポーランド軍は組織的にウクライナ戦争に関与していることを確認しておきたい。ウクライナ軍に装備や傭兵、「休暇者」を送り込むだけでなく、兵站、修理施設、偵察、監視サービスを提供している疑いがある。二〇二二年三月一八日、ドゥダ大統領は祖国防衛法に署名し、発効させた。法律には、軍隊の規模を三〇万人に倍増する計画が明記されている。これはドイツの現在の軍隊のほぼ二倍の規模である。さらに、同年一二月、政府は軍規則案のなかで、二〇二三年に最大二〇万人が演習に召集されると定められている（予備役と兵役正規化者［兵役や訓練を受けた者］三万八〇〇〇人、訓練中の者を含む自発的基礎兵役二万八五八〇人の上限が適用される）。また、二〇二三年に、最大で一万七一二八人が職業軍人の現役兵役に就き、召集されると予想されている。

ポーランドがNATOの対ロ軍事拠点の中心となろうとしている点も重要だ。ロシアのウクライナ侵攻後、ポーランドに駐留する米軍とNATO軍兵士の数は開戦時の約四五〇〇人から約一万一六〇〇人に増え、ポーランド軍のほぼ一割を占めるに至っている。二〇二二年六月二七日、NATOのイェンス・ストルテンベルグ事務総長が言い出した三〇万人の即応部隊を創設するという計画においても、ロシアに近いポーランドが中心的役割を担うことになる。

二〇二〇年一月には、ポーランド軍用のF-35A戦闘機三二機の購入契約が締結済みだが、二〇二二年五月には、国防相は約五〇〇基のHIMARSランチャーを調達するための要請書照会に署名した。ポーランドはさらに、米国のエイブラムス戦車二五〇輛、パトリオット防空システム、トルコのバイラクタル無人機などを期待しているほか、韓国から一〇〇〇輛以上のK2戦車、四八機のFA-50戦闘機、六〇〇門のK9榴弾砲を待っているとされる。韓国との別の協定では、多連装ロケットランチャー二一八基を受け取り、さらに七〇基を国内の新施設で生産することになっている。今後五年以内に、すべての納入が予定されている。

こうなると、ポーランドはウクライナ戦争を契機に軍事大国化を猛烈に推進しようとしていることになる。そのねらいは、まさに「戦争」である。ただし、今後の展望については、二〇二三年秋に予定されている下院選の結果にかかっているとだけ書いておこう。

ショルツ首相のだらしなさ

ドイツのオラフ・ショルツ首相もひどい。ドイツ政府は二〇二二年二月二四日まで、「危機的状況」の地域には一切武器を送っていなかった。戦闘激化につながる支援は国是として回避してきたのである。だが、ドイツ当局は、ロシアの「特別軍事作戦」四日目に、ショルツがヨーロッパ史の転換点（Zeitenwende）に関する演説を行った際、この原則を放棄する。この本で説明したように、二〇一四年二月二一日の協定を見守っていたドイツはその後のクーデターを黙認、ウクライナ戦争の遠因をつくったという意味で「重罪」でありながら、米国寄りの路線に安易に舵を切ったのである。

最初のウクライナへの軍事支援は、対戦車擲弾筒や防護具などであった。しかし、五月には、初めて重火器の納入を承認し、パンツァーハウビッツェ二〇〇〇自走砲ユニット（ＳＡＵ）が六月にウクライナに引き渡される。八月末現在、ドイツのウクライナへの軍事援助は総額七億二四〇〇万ユーロに達した。一〇輛のＳＡＵに加え、一五輛のゲパルト自走式対空砲システム、三台のＭＡＲＳ‐Ⅱマルチロケットランチャーなどのほか、数千個の対戦車擲弾筒と携帯対空ミサイルシステム、数百万の弾薬などが提供された。

八月二三日になって、ショルツは五億ユーロを超える新たな武器パッケージをウクライナに提供することを明らかにした。短距離空対空ミサイル（ＩＲＩＳ‐Ｔ）システム三基、装甲回収車一〇台、ロケットランチャー二〇台、精密弾などを追加でウクライナに提供する意向を表明した。このうち、ＩＲＩＳ‐Ｔは数週間以内に送ると約束した（九月一五日には、多連装ロケット発射システム二基、ロケット弾二〇〇発、装甲兵員輸送車五〇台を送ると発表した）。

こんなドイツの姿勢はロシアの対独ガス輸出停止につながっているように見受けられる。本来であれば、ドイツ政府こそ、積極的にウクライナ戦争の停戦に向けた努力をすべきなのに、これではドイツは、米国追随外交を展開しているだけの米国の「金魚の糞」でしかない。

米国の属国に成り下がる欧州

ここでウクライナ戦争によって欧州が被った全体状況を概観してみよう。それは、欧州の亀裂を引き起こした後、結局、米国の安全保障体制を優先させるという、これまでのNATOの延命を許す結果をもたらしたのである。表面的には、欧州の団結を強調しながらも、米国の傘のもとでロシアに対抗しようとする英国、ポーランド、バルト三国らの動きは、欧州独自の安全保障体制の確立を模索してきたフランスやドイツの動きを封じ込めたのだ。別言すると、欧州は全体として、米国の属国のような状況に甘んじざるをえなくなったのである。

それを決定的にしたのはドイツのふがいなさであった。ショルツは二〇二二年二月二七日、いわゆる「転換点演説」(Zeitenwende speech)のなかで、国軍の戦力増強のために一〇〇〇億ユーロの基金を直ちに設立することを明らかにしたが、そのカネですり寄ったのは米国だった。老朽化したトーネード戦闘攻撃機を置き換えるために、三五機の米ロッキード・マーチン製F-35戦闘機を購入すると三月一四日に発表したのである。遅れていた独仏スペインの戦闘機プロジェクト「未来型戦闘航空システム」を待つこともせず、米国にすり寄ったのである。

加えて、同年一〇月一四日、NATO加盟国一四カ国とフィンランドの国防相がブリュッセルに集まり、「欧州スカイシールド構想」の策定に関する意向書への署名を行った。ドイツが主導するこの構想は、欧州各国が防空設備とミサイルを共通に取得することで、欧州の防空・ミサイル防衛システムを構築することを目的としている。その目的は、ロシアによる潜在的な攻撃から防衛するために、短距離、中距離、長距離ミサイルとレーダーによる防空ネットワークを標準化し、機器を共同購入することで費用を節約することにある。

このNATO一四カ国は、ベルギー、ブルガリア、チェコ、エストニア、ドイツ、ハンガリー、ラトビア、リトアニア、オランダ、ノルウェー、スロバキア、スロベニア、ルーマニア、英国であり、フランスが入っていない。フランスは不快感の表れとして、毎年行われていた独仏政府間会合を延期した。もうここには、仏独が協力して欧州独自の、すなわち、米国とは別の安全保障体制を構築しようとする意欲はない。

安全保障上の属国化だけではない。欧州はエネルギー安全保障の面でも、米国の液化天然ガス（LNG）への依存を高め、高いエネルギーコストを受け入れざるをえない状況にある。ドナルド・トランプ大統領時代以降、米国の保護主義は国家補助金の増加というかたちで急速に強まっている。これに対応して、EUでは、政府からより多くの補助金をもらおうと、政治家や企業がこれまでの厳しい国家補助規則を緩めることを望むようになっている。トランプ時代には、欧米は厳しい対立関係にあったが、もはや経済面でも米国に追随するだけの属国化が進んでいるようにしかみえないのだ。

ノルドストリームを爆破させたのがバイデン大統領なら

ピューリッツァー賞の受賞歴のあるジャーナリスト、シーモア・ハーシュは二〇二三年二月八日、「米国はいかにしてノルドストリーム・パイプラインを破壊したのか」という長文の記事[24]を公開した。そのなかで、彼は「作戦計画を直接知っている」ある無名の情報源を引用して、米海軍の「熟練深海ダイバー」が二〇二二年六月の訓練中にC-4爆薬を仕掛け、その三カ月後に遠隔操作で爆発させた方法を詳述している。バルト海海底に敷設された天然ガス輸送用パイプライン爆破の命令を下したのはバイデン大統領であるというのだ。具体的には、バイデンの外交チーム（国家安全保障担当補佐官ジェイク・サリバン、国務長官トニー・ブリンケン、国務次官ビクトリア・ヌーランド）がかかわっていたという。

爆破は二〇二二年九月二六日に起きた。ノルドストリーム2で一カ所［二本あるラインの一カ所］、ノルドストリームで二カ所［二本あるラインの各一カ所］、パイプラインが爆破されたのだ。その犯人はいまだ公式に判明したわけでない。そうしたなかで、ハーシュは、この爆破がバイデンの命令によって引き起こされたと明確に糾弾したのである。

ハーシュは、バイデンが爆破を決断した理由を、「欧州が安価な天然ガスパイプラインに依存する限り、ドイツなどの国々は、ウクライナにロシアに対抗するための資金や武器を供給するのをためらうだろうと考えたのだ」と説明している。要するに、この二つのパイプラインを利用不能にすることで、ドイツがロシア産天然ガス輸入をできないようにしてドイツの対ロ依存関係を完全に解消させ、同時に、その代替として、米国のシェールガスを液化したガス（LNG）を輸入するように仕向けることで、ドイツを米国の顧客に取り込もうとしたのだ。

興味深い報道ぶり

このハーシュの記事に対する反応として、ホワイトハウスは二月八日、ハーシュの投稿を否定する。国家安全保障会議のエイドリアン・ワトソン報道官は、「これは全くの虚偽であり、完全なフィクションである」とのべた。中央情報局（CIA）の報道官もホワイトハウスの否定に同調し、この報道を「完全な虚偽」だとした。

日本時間一〇日午前七時の時点で、「ワシントン・ポスト」も「ニューヨーク・タイムズ」もこの問題をネグっていた。米国政府を批判することにつながるだけに、慎重になるのは理解できるが、事実関係くらいはしっかりと報道すべきであろう。何しろ、バイデン大統領がノルドストリーム爆破の主犯だというのだから決して無視すべきではないだろう。これに対して、「ニューヨーク・ポスト」は、「ピューリッツァー賞受賞者シーモア・ハーシュが、ノルドストリーム2パイプライン爆発の背後に米海軍がいると主張」という記事[25]を公開している。その出だしは、「ピューリッツァー賞を受賞したジャーナリストのシーモア・ハーシュ氏は、昨年九月にバルト海の天然ガスパイプライン「ノルドストリーム2」を破壊した爆弾をアメリカ海軍のダイバーが設置したと主張し、八日に国防総省から否定された」というものだ。

ヨーロッパに目を転じると、BBCは無視を決め込んだ。これに対して、The Times は、「米国がノルドストリーム・ガスパイプラインを爆撃したと、調査ジャーナリスト、シーモア・ハーシュが主張している」との記事[26]を公開している。直接、国政に大きくかかわるドイツでは、「シュピーゲル」が記事[27]を公表した。だが、「米国人ジャーナリスト、ノルドストリーム妨害工作の背後に米国をみる」という第一見出しの後に、「論争の的になっている米国のジャーナリスト、シーモア・ハーシュが、裏付けの弱いブログ記事で、米国がノルドストリームのパイプラインを爆破したと書いている。ロシアのプロパガンダは、すでにこの主張を利用している」という歪んだ第二見出しをつけることで、偏見に満ちた報道をしていることに注意しなければならない。さらに、記事中に「ハーシュの信頼性への疑念が高まる」という見出しを立てて、ハーシュを棄損しようとしているのがわかる。どうやら、米国のバイデン大統領にだまされて、ノルドストリーム爆破を契機にロシアからの天然ガス供給をあきらめたドイツは、バイデンにだまされた事実に蓋をして、あくまで「偽善者」バイデンを信じていくそぶりをみせている。

私が知ってほしいのは、きわめて重要なハーシュの記事を無視したり、偏向報道したりする欧米マスメディアの現実である。日本の多くのマスメディアもまた無視を決め込んでいるようにみえる。こうした現実のなかに、みなさんは生きているのだ。

6　遠い和平

ウクライナ戦争はいつ停止し、平和を取り戻すことができるのだろうか。停戦や和平の展望は暗い。なぜなら、結果だけを重視する立場は勝つか負けるかという結果だけに固執し、曖昧で不透明な停戦を嫌うからだ。

ウクライナ戦争は、ウクライナを掌の上に置く米国政府の軍事支援のもとで戦われている以上、バイデン政権の出方と、ゼレンスキー政権の方針とによって戦われてきた。対するロシアはプーチンの独裁的権力が戦争を主導している。

和平協議の用意のあるプーチン

ウクライナの厳しい抵抗や欧米諸国などによる相次ぐ対ロ制裁強化によって、プーチンはウクライナ戦争停止に向けた和平協議に前向きな姿勢を示すようになっている。

ウズベキスタンのサマルカンドで二〇二二年九月一五〜一六日に開催された上海協力機構（SCO）首脳会議に合わせて行われた、プーチン大統領と、トルコのレジェップ・タイイップ・エルドアン大統領との会談で、プーチンはエルドアンに新たな条件でウクライナとの協議を再開する用意があるとのべたとの情報[28]がある。九月二六日になって、トルコのメヴルト・カヴソグル外相が記者会見で明らかにしたものだ。「新しい条件」は明らかにされていない。ロシアとウクライナの代表団による協議は、四月以降行われていない。一〇月九日のロシア側情報[29]では、ウクライナ紛争解決のために、トルコは、ロシア、米国、フランス、英国を同じ交渉のテーブルに着かせたいと考えている、とのトルコ側の報道があるという。

プーチンは少なくとも和平協議を模索する姿勢を示している。これに対して、ゼレンスキーは九月二一日に行った国連総会向けビデオ演説[30]で、ウクライナへの軍事支援の強化を呼びかけ、ウクライナ侵攻をつづけるロシアに罰を与えなければならないと何度も訴えた。この姿勢は一一月一五日、G20の席上でのビデオ演説[31]においても変わっていない。ウクライナは自国の領土を取り戻すまで抵抗を止めないだろうとの従来の姿勢を繰り返したのである。

ゼレンスキーは、戦争を停止するための一〇の提案を示した。下記のとおりである。

①放射線と原子力の安全性（ウクライナすべての原子力発電所［四カ所、合計一五基］に国際原子力機関［IAEA］ミッションを派遣することを提案）

②食糧の安全保障（穀物輸出イニシアチブは、戦争がいつ終わるかにかかわらず、無期限の延長に値すると信じている）

③エネルギーの安全保障（エネルギーインフラの約四〇％はロシアのミサイルとイランの無人機の攻撃によって破壊された）

④すべての捕虜と国外追放者の解放（何千人ものわが国民［軍人と民間人］がロシアの捕虜と

なっている。私たちは、ロシアに強制送還された一万一〇〇〇人の子どもたちの名前を知っている）
⑤国連憲章の履行とウクライナの領土保全と世界秩序の回復
⑥ロシア軍の撤退と敵対行為の停止
⑦正義（私たちはすでに、ロシアの戦争によって引き起こされた損害に対する国際的な補償メカニズムに関する国連総会決議を提案している）
⑧環境を即座に保護する必要がある「エコサイド」（ロシアの侵略によって、六〇〇万頭の家畜が死んだ）
⑨エスカレーションの防止（私たちは協定案「Kyiv Security Compact」を作成し、すでにパートナーに提示している）
⑩戦争終結の確認（すべての反戦措置が実施され、安全と正義が回復しはじめたら、戦争の終結を確認する文書に当事者が署名する必要がある）
ウクライナの領土の完全性の回復、ロシア軍の撤退、敵対行為によって生じた損害の補償を条件とする、この提案が実現すると考える人はいないだろう。ゆえに、停戦も和平もそう簡単に実現するとは思われない。

和平をめぐる重要なポイントに、ウクライナ内部の情勢があることを忘れてはならない。一一月一四日付のウクライナ側の報道[32]によると、ウクライナ軍総司令官ヴァレリー・ザルジニーは、「ウクライナはいかなる状況下でも領土解放への道を歩むことを止めず、いかなる妥協もしない」と米国統合参謀本部議長マーク・ミリーとの電話会談で発言した。ゼレンスキー大統領もクリミア半島奪還を含む領土回復が和平交渉の条件としているが、軍部の頑なさに注意しなければならない。もともと、ウクライナ内部には、対ロ強硬派が存在した。彼らがウクライナ戦争における「成功体験」も手伝って、軍内部で大きな発言力をもつようになっている可能性がある。こうした事態も和平交渉を難しくしている面があるのだ。

ウクライナ軍によるロシア国内への攻撃

興味深いのは、一一月下旬になって、米国のマスメディア報道に変化がみられるようになった点である。一一月二五日付のNYT[33]では、ウクライナ軍は、米国とその同盟国から供給された大砲を使って、毎日ロシアの標的に向けて何千もの爆発弾を発射しているという。これらの兵器は数カ月の酷使の末に損傷したり破壊されたりしている。このため、ポーランドで修理するものも多く、「キーウに寄贈された西洋製榴弾砲約三五〇基のうち三分の一が常時稼働していない」と伝えている。一一月二六日付のNYT[34]は、「西側諸国は、S–300防空ミサイル、T–72戦車、とくにソ連製の大砲の砲弾など、ウクライナが今すぐ使えるソ連時代の装備や弾薬がますます不足しているため、必死で探している」と報じている。

こうした米国側の動きを分析したうえで、ロシアの有力誌『エクスペルト』[35]は、「米国はロシアの軍事的勝利を阻止するために崖っぷちを歩もうとしているが、ウクライナの軍事的大成功をより一層警戒している」と書いている。要するに、ウクライナ側が勝ちすぎると、ロシア側の核兵器使用のリスクが高まると米国側はみている、とロシアの有力誌は分析しているのである。

ただし、こうした状況は必ずしも和平交渉への道筋を開くものではない。一二月五日の朝、ロシア国内のサラトフ州エンゲルス市にある、長距離機であるＴｕ－１６０とＴｕ－95と呼ばれる戦略爆撃機が駐機する軍用飛行場が無人機の攻撃を受けた。その数時間後には、リャザン州にあるジャギレヴォ飛行場でも爆発があった。こちらでは、三人の死者が出た。いずれも、ウクライナ軍がソ連時代の低空飛行ドローンを使って攻撃したものとみられている。ウクライナとロシアとの国境から四五〇キロ以上離れた二つの空軍基地が攻撃されたのは第二次世界大戦後はじめての出来事である。さらに、一二月六日には、Ｓｕ－30ＳＭ戦闘機が所属するクルスク州のハリーノ空軍基地にも空爆が行われた。

ウクライナ軍はロシア国内への攻撃を強めており、それがロシアによる報復攻撃を招き、停戦や和平の交渉を難しくしている。

停戦か政治解決か

ウクライナ戦争は二〇二三年中に終結することさえまったく見通せない状況になっている。

戦争終結には、絶対勝利、休戦、政治決着の三つが考えられる。ただ、ウクライナ戦争の場合、「勝者が敗戦国に新たな指導部を設置し、敵対国の領土を占領または併合し、最悪の場合は敵対国の全人口を消滅させる」というような絶対勝利はありえない。そうであるならば、休戦か政治決着が想定できる。

休戦協定は、一九五三年の朝鮮戦争や一九九二年のモルドバのトランスニストリア紛争（ドニエストル川をはさんでウクライナとモルドバとの国境地帯をめぐる紛争）を終結させたように、双方が戦闘の停止を約束し、非武装地帯などを設けることが多い。その場合、領土問題やロシアによる賠償金支払い、ウクライナの地政学的地位などさまざまな問題が未解決のまま棚上げされることになるだろう。両国は最小限の貿易しか行わず、国境はほぼ閉ざされ、国境線は冷戦下の東西ドイツのように緊迫したものになるだろう。

政治解決には、持続的な停戦と、戦争の発端となった紛争や戦争中に生じた紛争の少なくとも一部の解決という両方が必要であるとされる。この場合、ロシアにとっては、ウクライナの非同盟化の成文化が中心課題となる。ウクライナは自国の安全保障に対する西側のコミットメントを強化することを望むだろう。加えて、復興基金、二国間貿易、移動の自由、欧米の対ロ制裁解除の条件など、多くの問題の解決も可能になるかもしれない。

英独仏は、第三章で紹介した「ウクライナに対する国際的安全保障の確保」に対応した「ウクライナ防衛協定」を準備している。ウクライナ政府にロシアとの交渉を開始する動機を与えるためのものだ。協定には、NATO軍のウクライナ駐留の約束も、キエフからの支援要請にすべてのNATO加盟国が救援に向かうことを義務づける規定もないが、三カ国からの恒久的軍事支援などが定められているらしい。ただ、米国政府内には、ヌーランド国務省次官のように「クリミアが最低限非武装化されないかぎり、ウクライナは安全にはならない」としてクリミア奪還に固執する人物がいる。米国政府の強硬な姿勢がつづけば、ゼレンスキーを説得し、停戦に向かわせることはできないだろう。

他方で、ロシア国防省は二〇二三年二月に入って、ウクライナ側がトランスニストリア（沿ドニエストル）をめぐる紛争を再燃させる準備をしているとの未確認情報を流している。同地域での戦闘に発展すれば、あるいは、ベラルーシが参戦するような事態になれば、ウクライナ戦争がますます混迷することになりかねない。

ロシア軍とロシア連邦保安局（FSB）の関係

この章の最後に、みなさんが誤解しているのではないかと危惧されることを書いておきたい。それは、ロシアの権力構造の根幹に関係している。だからこそ、その点について説明しておきたいのだ。それは、ロシア軍とプーチンの出身母体であるロシア連邦保安局（FSB）との関係にかかわっている。

FSBは、プーチンが勤務していたソ連・国家保安委員会（KGB）解体後の後継機関の一つである。彼がＦＳＢ長官に就任したのは、一九九八年七月であった。一九九九年三月には、ロシアの安全保障上の最高機関、安全保障会議の書記にもなる。同年八月、首相にまで昇りつめ、一二月末には大統領代行の座に就く。この激動期にあって、彼は二〇〇〇年二月七日、「ロシア連邦軍、その他の部隊、軍事組織、団体（部隊内の治安機関）におけるＦＳＢの部署（部門）に関する規則（以下、「規則」）の承認について」という「大統領令[36]」に署名する。これによって承認された「規則」によって、「軍」内部でのＦＳＢの権限が拡充されたのである（ロシアには正規軍以外に事実上の「軍」として、内務省軍、連邦国家警備隊［二〇一六年四月、大統領令によって設立された「連邦国家警備隊局」の属する軍隊］）、国境警備隊、市民防衛隊などがある）。つまり、「チェーカー」による「軍」への支配力が強まったことになる。

「チェーカー」による支配

残念ながら、ソ連時代およびその後継のロシア連邦に至るまで、「チェーカー」支配が継続している事実を知らない「似非専門家」が多すぎる。その結果、現在の「チェーカー」、ＦＳＢの視点からウクライナ戦争を分析するという視角が欠けているのだ。

説明しよう。まず、「チェーカー」とは、一九一七年一二月、人民コミッサールソヴィエトが反ボリシェヴィキのストライキやサボタージュに対抗するために創設した「反革命・サボタージュとの闘争に関する人民コミッサールソヴィエト付属全ロシア非常委員会」（その後何度も名称変更するのだが、「チェーカー」と総称された。一種の秘密組織であり、日本で言えば、特別高等警察［特高］のようなものであった）を端緒としている。これは、「ヴェーチェーカー」（ＶＣｈＫ）と呼ばれるもので、「チェーカー」と総称されるようになる大元だ。

この「チェーカー」こそ、ＫＧＢとして有名になる機関の前身であり、ソ連という国家の安全保障を考えるうえできわめて重要な組織なのである。「革命の懲罰の剣」の役割を担って誕生した機関だが、やがてスターリンという独裁者の権力基盤となるのだ。拙著『ロシア革命一〇〇年の教訓』のなかで、つぎのように書いておいた。

「こうした企業レベルでの大きな変化に対して、ＶＣｈＫは手をこまねいていたわけではない。同機関のなかには、スパイ闘争・軍管理のための特別部のほか、鉄道・水輸送およびその活動監視への敵対要素との闘争のための輸送部、経済における経済スパイ、妨害行為、破壊行為との闘争のための経済管理部、外国での諜報実施のための外国部、反ソヴィエト的党・グループ・組織との闘争のための、同じく、知識人や芸術家の監視のための秘密部があった。さらに、「その後、国家安全保障のソヴィエト機関の活動ないし関心のこれらの方向性は変わることなく残され（名称が変更されただけ）、定期的な改革に際してもなんらかのかたち（部、管理部ないし総局）でつねに自らの形態のままであった」という。つまり、ＶＣｈＫはその後、国家政治総局（ＧＰＵ、一九二二年）、統一国家政治総局（ＯＧＰＵ、一九二三年）、内務人民委員部（ＮＫＶＤ、一九三四年）、国家保安人民委員部（ＮＫＧＢ、一九四一年）、国家保安省（ＭＧＢ、一九四三年）、国家保安委員会（ＫＧＢ、一九五四年）のように変化するが、「経済における経済スパイ、妨害行為、破壊行為との闘争のための経済管理部」のような下部組織をもち、企業内での工作を継続してきたのである。」

これからわかるように、「チェーカー」は早くから軍内部にも入り込み、その活動を監視してきた。この監視体制は、一九三八年になってボリショイ劇場で開催されたヴェーチェーカー（ＶＣｈＫ）二〇周年祭の祝典で演説したアナスタス・ミコヤン人民委員会副議長（副首相）が「わが国ではすべての勤労者が内務人民委員部の職員になった」とのべた時点で完成をみたといえる。これが意味しているのは、「チェーカー」が軍、企業、学校、病院、劇場など、ありとあらゆる組織のなかに入り込み、すべての勤労者を監視下に置いたということである。「チェーカー」は一九九一年のソ連崩壊後、分割・廃止されたが、その後、ＫＧＢの後継機関の一つ、ＦＳＢが頭角を現す。そして、プーチン大統領によってその権限が大幅に拡大するのだ。

海外に介入するＦＳＢ

二〇〇〇年二月の「大統領令」で承認された「規則」の第三項目で、「軍隊内の治安維持機関の任務」が定められている。「ロシア連邦軍、その他の軍隊、軍事組織、団体において、他の国家機関と協力して、組織犯罪、汚職、密輸、武器・弾薬・爆発物・毒物・麻薬・向精神薬・情報をひそかに入手するための特殊技術手段、ロシア連邦の憲法秩序の暴力的な変更、権力の強制的な奪取または保持を求める非合法武装組織、犯罪集団、個人および公的団体との闘争を組織し実行に移すこと」という任務が加わったことで、「他の国家機関と協力」しながら反政府活動を防止・撲滅するためにFSBが海外においても活動するようになる（KGB解体後、海外活動は主に対外諜報局が担ってきた）。二〇〇四年になると、KGB第三総局の機能を担ってきた軍事諜報部（UVKR）がFSBの第三局、すなわち軍事諜報局に移行した。同年には、大統領直轄の政府通信情報連邦庁の主要部隊や国境警備隊もFSBに編入された。

二〇一七年一二月のインタビューで、アレクサンドル・ボルトニコフFSB長官が語ったところでは、FSBは当時、四八州の五六の国境警備隊を含む一〇四カ国の二〇五の特殊機関や法執行機関と公式なコンタクトをもっていた。もちろん、FSBはウクライナでも活発に暗躍していた。もう一つ、この「規則」には、「軍隊内の治安維持機関の権利」として、第五項目の最後に、「部隊内の治安維持組織は、連邦法によって連邦治安維持組織に与えられたその他の権利も享受する」と定められていた。このため、軍隊内のFSBは独自に戦闘機や戦車まで保有することが可能となっている。

FSBの大失態

ここでウクライナ戦争の緒戦において、FSBが大失態を仕出かしたこと紹介したい。それは、ウクライナの銀行家デニス・キレエフによってロシアの作戦がウクライナ側に漏れていたことだ。プーチンの当初の目論見を打ち砕いたのは、ウクライナのスパイ、キレエフの情報であり、それを信じて対応したキリロ・ブダノフ少将の功績であったことがわかっている。

二〇二三年一月一八日付「ウォール・ストリート・ジャーナル」[37]によれば、二〇二二年二月一八日、キレエフは妻と息子と毎年恒例のフランス・アルプスへのスキー旅行に出かけるため、ウクライナを離れる予定だったが、その前夜、遅く家に着いたキレエフは、「私は行かない」と妻に告げた。「五日後の二月二三日午後、キレエフ氏はブダノフ将軍に新たな情報を手渡した。ロシアのプーチン大統領が、早朝に侵攻命令を出したというのだ」と、記事は伝えている。プーチン大統領が公式にウクライナへの侵攻作戦、すなわち「特別軍事作戦」を明らかにしたのは、二月二四日午前六時（モスクワ時間）に放映したテレビ演説のなかだった。だが、実際の侵攻命令は前日の朝に出ていたことになる。しかも、キーウ近郊への攻撃が計画されているとの情報がもたらされたのである。

二〇二三年一月三一日付の「ワシントン・ポスト」[38]によれば、ロシア側の攻撃は二四日午前四時（ウクライナ時間か）にはじまると、キレエフらは考えていたという。このとき、他のほとんどのウクライナ政府・軍関係者は、ロシアの侵攻が国土の東部に限定されると予想していたというから、この情報はきわめて貴重であった。それを信じて防衛準備を進めたブダノフ将軍も高く評価されるべきだということになる。キレエフは、もう一つ重要な情報をブダノフ将軍にもたらした。それはロシア側の攻撃拠点の場所だ。アントノフ空港が標的になっているというのだ。「二四日午前八時、ロシアの攻撃ヘリコプターが低空飛行でキエフの北数キロにあるアントノフ空港に部隊を着陸させた。クレムリンはこの空港を徴用し、首都攻撃のための部隊と装備を空輸する計画だったのである」と、「ワシントン・ポスト」は書いている。

ブダノフ将軍によれば、キレエフの情報により、ウクライナはロシアの襲撃に対抗するために部隊を移動させる貴重な数時間を得た。ロシア軍との激しい戦闘の後、空港は侵略軍によって使用できないほどの損害を受けたが、ロシアの奇襲作戦は失敗した。もしこの計画が実現していれば、アントノフ空港にロシア軍が大量に押し寄せて、ここから首都キーウ制圧が実行されていたかもしれないのだ。その意味で、キレエフの功績はきわめて大きい。

逆に、ロシアからみると、キレエフからロシア側の作戦が漏れたことはウクライナ戦争にかかわる情報を担うFSBの大失態であったことになる。その二週間後、ロシア軍は多くの犠牲者と予想外の抵抗に直面し、プーチンはFSB第五局(作戦情報・国際関係局)のセルゲイ・ベセーダ局長とアナトリー・ボリュフ副局長を自宅軟禁し、悪い情報と資金の不正使用に関する調査を開始したとされる(さらに、四月上旬、ベセーダはレフォルトヴォ予備収容所に移されたとの情報もある)。第五局には、二〇〇四年以降、対外情報機能を担う諜報部門(DOI)

があり、当初、旧ソ連諸国をロシアの勢力圏に収めるための組織として創設されたという。つまり、第五局はウクライナ戦争の緒戦において、ロシア軍のキーウ急襲を手引きする最重要任務を負いながら、失敗したのである。この作戦のために用意された多額の資金も消えたとされており、プーチンのベセーダへの恨みは深い。もちろん、キレエフへの憎悪はすさまじかったはずだが、彼を殺害したのはウクライナ保安局（ＳＢＵ）員であった（つまり、ＳＢＵ内にはロシアのスパイが大勢いたということか）。

何がロシア軍内で起きているのか

容易に想像できることがある。それは、ロシア軍内部で軍を監視するＦＳＢがその権限を拡大した結果、軍内部において軍幹部とＦＳＢ幹部との確執が深まり、ウクライナ戦争に悪影響をおよぼしているのではないかという疑いである。つまり、二〇〇〇年二月にプーチン大統領代行によって承認された「規則」が裏目に出たのではないか。ウクライナとの戦争では、ＦＳＢは軍が破壊工作にさらされないようにすることなども行っている。そのため、軍司令部に対して、ＦＳＢが命令したり干渉したりする余地がある。他方で、ＦＳＢは占領地における政治的統制を確立し、部隊内の情勢を監視する役割も担っている。そうなると、ＦＳＢが軍よりも「上」に立つ局面も生まれるだろう。

こうした状況下で、ＦＳＢ第五局の大失態によって、キーウ占領をねらったロシア軍正規部隊が大損害を被った。軍幹部からみれば、「FSB憎し」の感情が生まれても仕方ない。その一方で、プーチンはFSBのネットワークに属する民間軍事会社（PMC）、「ワーグナー・グループ」（日本語訳で「ワグネル」とするマスメディアが多いようだが、大切なことはナチスが政治利用したヴィルヘルム・リヒャルト・ワーグナーの名前を借用している点だ）のような非正規の武力を活用せざるをえなくなる。ここに、軍とFSBとの対立が深まるのだ。なぜなら、「ワーグナー・グループ」は、もともとはロシア連邦軍参謀本部諜報総局として創設されたGRUと呼ばれた機関の非合法部門であり、モリキノ（クラスノダール地方）の第一〇特殊部隊旅団に所属する軍事部隊番号五一五三二に所属していたからである。

このようにみてくると、FSBの軍への干渉がウクライナ戦争に悪影響をおよぼしていることに気づく。「最近のFSB職員は、大統領にのみ仕え、命令に従っている。彼らの主な役割は、異論を唱える者を問答無用で排除することである」という見方からすると、こうしたFSBの組織上の問題点がウクライナ戦争を機に顕在化しているように思えてくる。「プーチンは裸だ」と諫めることができない忠臣だけでは、戦争は戦えない。プーチンはFSBという権力基盤に支えられながら、実は、FSB自体の脆弱性によってその権力の土台が揺らいでいるのではないか。ウクライナ戦争の「結果」がロシア軍とそれを内部から蝕むFSBという伝統的な組織構成の危うさをはっきりと示しつつあるように思われるのである。

注

1 https://correlatesofwar.org/
2 https://www.washingtonpost.com/outlook/2022/06/23/ukraine-war-deaths-soldiers-history/
3 https://foreignpolicy.com/2022/08/08/russia-ukraine-deaths-casualties-rises/
4 https://novayagazeta.eu/articles/2022/10/22/zhurnalisty-uznali-imena-7822-rossiiskikh-voennykh-pogibshikh-s-nachala-voiny-v-ukraine-news
5 https://www.nytimes.com/2022/05/19/opinion/russia-fascism-ukraine-putin.html
6 https://www.economist.com/briefing/2022/07/28/vladimir-putin-is-in-thrall-to-a-distinctive-brand-of-russian-fascism
7 https://nypost.com/2020/10/14/email-reveals-how-hunter-biden-introduced-ukrainian-biz-man-to-dad/
8 https://webronza.asahi.com/politics/articles/2019092700005.html
9 https://www.bbc.com/news/world-us-canada-62688532
10 http://publication.pravo.gov.ru/Document/View/0001202205280008
11 http://kremlin.ru/events/president/news/69391
12 https://www.understandingwar.org/sites/default/files/Explainer%20on%20Russian%20Conscription%2C%20Reserve%2C%20and%20Mobilization%204%20March%202022.pdf
13 https://www.csis.org/blogs/post-soviet-post/best-or-worst-both-worlds
14 https://www.kommersant.ru/doc/5571926
15 https://www.washingtonpost.com/world/2022/09/21/putin-russia-mobilization-public-protest/
16 https://novayagazeta.eu/articles/2022/09/26/sources-fsb-reports-260000-men-left-russia-wants-to-

close-borders-news
17 https://news.yahoo.co.jp/articles/abf57afda881c7d51a26d8fd2ab0230187d5dec3?page=1
18 https://www.martenscentre.eu/wp-content/uploads/2022/11/Beyond-the-Headlines.pdf
19 https://papers.ssrn.com/sol3/Delivery.cfm/SSRN_ID4179598_code3324709.pdf?abstractid=4167193&mirid=1
20 https://en.zona.media/article/2022/10/24/marriedanddrafted
21 https://www.kommersant.ru/doc/5654288
22 https://www.kommersant.ru/doc/5692719
23 http://www.consultant.ru/document/cons_doc_LAW_431158/92d969e26a4326c5d02fa79b8f9cf4994ee5633b/
24 https://seymourhersh.substack.com/p/how-america-took-out-the-nord-stream?r=5mz1&utm_campaign=post&utm_medium=web
25 https://nypost.com/2023/02/08/seymour-hersh-claims-us-navy-behind-nord-stream-2-pipeline-explosion/
26 https://www.thetimes.co.uk/article/us-bombed-nord-stream-gas-pipelines-claims-investigative-journalist-seymour-hersh-s730dnnfz
27 https://www.spiegel.de/ausland/russland-duma-sprecher-wjatscheslaw-wolodin-bezeichnet-joe-biden-als-terroristen-a-b5b14034-ec08-47ce-90b1-6810be9c6828
28 https://www.vedomosti.ru/politics/articles/2022/09/27/942633-glava-mid-turtsii-zayavil
29 https://www.rbc.ru/politics/09/10/2022/6342e6a19a7947ef4d8c90f4?from=from_main_12
30 https://news.un.org/en/story/2022/09/1127421
31 https://english.nv.ua/nation/president-zelenskyy-s-10-point-peace-formula-full-text-of-speech-to-g20-

in-bali-50284154.html
32 https://www.pravda.com.ua/eng/news/2022/11/14/7376350/
33 https://www.nytimes.com/2022/11/25/us/ukraine-artillery-breakdown.html
34 https://www.nytimes.com/2022/11/26/world/europe/nato-weapons-shortage-ukraine.html
35 https://expert.ru/expert/2022/49/postavki-oruzhiya-na-ukrainu-ne-beskonechny/
36 http://www.kremlin.ru/acts/bank/15158
37 https://www.wsj.com/articles/russian-spy-or-ukrainian-hero-the-strange-death-of-denys-kiryeyev-11674059395
38 https://www.washingtonpost.com/world/2023/01/31/kyrylo-budanov-ukraine-intelligence-boss-interview/

第五章　だまされないための対策

1　だますテクニック

ディスインフォメーションによって、だまされるという結果が生じるのは、情報の発信者（政治家・官僚・学者など）や仲介者（マスメディア）が大きくかかわっている。それだけではない。受信者が受け取った情報の信憑性に疑問をもつことなく受け入れてしまうというのも、だまされるという結果をもたらす。第一章で紹介した認知容易性、確証バイアス、ハロー効果などが組み合わされてだまされてしまうのだ。

そこで、ここではまず、発信者によるだましのテクニックについて説明してみたい。チェコスロバキアの国家安全保障局（ＳｔＢ）の元課報将校、ラディスラフ・ビトマンの意見に耳を傾けよう。彼は、「でっち上げ」には二つのカテゴリー分けが可能であるとみている。最初のカテゴリーは、政府指導者間のお粗末な政策につながる、誤解を招きかねない情報（ディスインフォメーション）を含んでおり、第二のタイプは、プロパガンダ的なでっち上げだ。前者は通常、メディアの広範な注目を必要とすることはないが、後者はねらいを定めた国の世論をつくりあげるためのものだから、メディアに注目される必要がある。ありもしない組織の名前でビラをつくったり、主要な個人や集団に出回る偽りのパンフレットを配ったりするわけである。

とくに、現実の信憑性の高い情報であるかのように人々にディスインフォメーションを広めるには、「実際の事実と誤った真実の混成物」をつくり出すことが必要になるようだ。まったくの虚偽とはわからないように、事実に基づく情報とまったくの虚構とを結合するのだ。そして、正しくない情報を生み出すのである。その結果、前述したビトマンによれば、ディスインフォメーションは、噂、リークされたでっち上げ文書、キャンペーン、本、テレビ・ラジオのキャンペーンといった形態をとる。

ディスインフォメーションをどう仕組むか

情報発信者は政府のアクター（行為者）であることもあれば、企業家であることもある。本書では、とくに政府が情報発信者であるケースに焦点をあてている。ディスインフォメーションには、まず情報発信者の意図が必要になる。無知によって不正確な情報を発することはよくあることだ。そうではなく、あくまで「実際の事実」ではない「誤った真実」を紛れ込ませてやろうという意図がなければ、ディスインフォメーションではない。

つぎに問題になるのは、事実と虚偽をどの程度混在させているかだ。これは、ディスインフォメーションの効果に深くかかわっている。仲介者や情報受信者に嘘がわかってしまうようでは、十分な効果はあげられない。その意味で、情報そのものの中身が問われることになる。

そのうえで、その情報をどう仲介させるかが問題になる。特定な情報受信者のみをだますのか、それとも不特定多数の情報受信者をだますのかによって仲介者の位置づけが変わってくる。ある影響力のある政治家をだますのであれば、その周辺にいる有力者を仲介者としてディスインフォメーションを仕組むのが効果的かもしれない。これに対して、より多くの人々をある方向に誘導するとか、あるいは、国家が国民を手なずけたいといったケースであれば、マスメディアのような仲介者を介して、多くの情報受信者に影響をおよぼす戦略が必要となるだろう。ゆえに、マスメディアと結託したり、規制圧力によって屈服させたりする方策が求められることになる。その場合、かつては検閲といった手段もあったが、いまではカネに絡むしがらみを使って、マスメディアに忖度を強要しながら自己規制にもち込むというのが有効となっているように思われる。

他者指向と「フリーライダー」

インターネット時代の到来で、ディスインフォメーション工作がしやすくなった背後に、他者指向の強まりがあると指摘できる。これは、情報受信者の視角からみた問題点である。インターネットに代表される高度情報化時代に入って、コード化という同じ信号に基づく共同了解の輪のなかに加わることで、知らず知らずのうちに他者指向が染みついていくようになっている。伝達自体が容易で高速で複製可能な情報はみなが他者指向を強めるに便利なのだ。しかも、日本のように「和」を重視し、「出る杭は打たれる」という集団主義の国にあっては他者指向に基づいて多数意見に従い、付和雷同する風潮が強まる。多数派に「ただ乗り」するという「フリーライダー」が日本には多すぎるのだ。それを逆手にとって、ディスインフォメーションをもっともらしく吹聴するだけで、その効果は絶大になる。

具体的には、根拠が怪しいランキングを利用して、特定情報を喧伝したり、ただ有名なだけの似非専門家を取り込んで、わけのわからない情報をアップロードしてもらったりすればいいのである。もっと手の込んだ方法としては、ニュースランキングで上位にランキングされるように一工夫すればいい。ニュースサイトの情報の優先順位は一般に編集者の干渉を受けたものではなく、特定のアルゴリズムにしたがって収集された情報を順序づけたものにすぎない。しかし、そこには情報操作を加える余地が残されている。ロシアのヤンデックスという検索サイトの場合、アルゴリズムに基づいて九五%が決定されるにしても、残りの五%について人為的な操作が加えられることで、ニュースの順位などに偏向をもたらすことができるとみられている。日本でも事情は同じだろう。

フリーライダー問題

多数派に「ただ乗り」するというフリーライダーの問題は、大多数の無関心層を生み出しているという大問題がある。例えば大衆の関心の対象はファッション、グルメ、タレントなどで、ニュースなどはそもそもみないのである。これに対応するために、テレビでは、informationとentertainmentを合わせた造語のInfotainmentが当たり前になりつつある。テレビを通じた時事問題のショー化、あるいは、時事問題のバラエティー化が進み、その結果として、情報の「正確さ」や「重要性」が犠牲にされ、「おもしろさ」が優先される。こうして若者の多くはますますだまされることになる。「風潮」という、多数派の流れに同調するばかりだと、やがて多数派とともに奈落の落とし穴に真っ逆さまかもしれない。

思考することと作文

そこで必要になるのは考えること、すなわち思考である。情報の「良き受信者」になるには、心のなかでもう一人の自分と会話する訓練を積むことが求められているのだ。これを、「自省力」をつけるという。第一章でいえば、「システム2」思考を鍛えるのである。

そんな訓練をするには、おそらく作文を書くことがもっとも有効だと、私は考えている。だれに作文を読んでもらうかを想定したうえで、読み手が書き手である自分に好感を寄せてくれるようにするにはどんな風な内容を書けばいいかをじっくりと考えるなかで、いろいろと考えるのだ。

私は、大学のゼミ生に半年間、作文を書くという課題を課してきた。そうすることで、学生に思考するという体験を積んでもらい、自分の経験したことのなかから、すなわち、自分の体験したエピソードを書きながら、自分の良さを読み手に理解してもらうためにはどんな作文がいいのかを考えてもらってきた。

作文を書くという作業を通じて、自分ともう一人の自分との対話から、他者に理解してもらうための方策を考えることで、徐々に考えるという作業に慣れることができる。そうなれば、安易なフリーライダーになるのではなく、もっと自分らしい何かを実践できるきっかけになるのではないかと思う。

陰謀論に注意せよ

近年、ソーシャル・ネットワーキング・サービス（SNS）を利用したディスインフォメーション工作が可能になったことで、特定の分野において特定のターゲットに対してのみディスインフォメーションを仕組むことができる。特定の政敵だけをねらって攻撃するようなことが簡単に可能になっている。

もう一つ、キーポイントになるのは情報の仲介者や情報受信者の「感情」を揺さぶる必要性だ。ディスインフォメーションが効果をあげるには、仲介者の心を動かし、多くの人々に「いいね」と思ってもらい、その情報を伝えてもらわなければならない。さらに、情報受信者にも心を動かしてもらって、その気持ちから実際の行動につなげてもらわなくてはならない。すぐに忘れられてしまうような情報では、すなわち、感情を揺さぶるような情報でなければ、なかなかディスインフォメーションの効果があがらないことになってしまう。

感情に訴える際、よく利用されるのが「陰謀論」だ。頻繁に耳にするのは、ユダヤ人による陰謀という話である。ヨーロッパでは、こうした陰謀論が人々の琴線にふれ、効果をあげてきた。ロシアの場合も同じだ。

ここでの主張を裏づける研究が二〇一八年三月に有名な学術誌『サイエンス』に掲載された。マサチューセッツ工科大学（ＭＩＴ）の三人の研究者が「真実と虚偽のオンライン・ニュースの伝播」という論文を発表したのだ。二〇〇六～二〇一七年にツイッターで流布した「真実のニュース」と「虚偽のニュース」を区別したうえで、その伝播を調査したもので、約三〇〇万人が四五〇万回以上ツイートして広がったニュースの一二万六〇〇〇件の段階的増幅（カスケード）に関するものだ。ニュースの真偽については、六つの独立したチェック機関からの情報を利用した。興味深いのは、「虚偽のニュース」が「真実のニュース」よりも七〇％リツイートされやすいことがわかったことだ。人々は「目新しさ」を求めており、前者のほうが後者よりも斬新に感じるのである。だからこそ、そうしたニュースを分かち合おうとするわけだ。それは、まさに人々の感情に訴えることが情報伝播やその増幅（カスケード）につながっていることを科学的に実証している。情報発信者は情報受信者のこの弱みにつけ込んで、発信する情報を斬新に見せかける一方で、いい加減な仲介者を利用してその情報を拡散させればいい。

最後に、ディスインフォメーションには即効性がないことを確認しておきたいと思う。しずくが何年もかけて岩を穿つように、ディスインフォメーションはゆっくりと効き目を発揮するように思われる。情報そのものに対する信頼が徐々に失われることで、当該共同体に悪影響が生じるようになる。ルーマニアの諜報機関の幹部を務めて後に米国に亡命したイオン・パセパが中心となって書いた本では、「それ（しずくをたらして石に穴をあける：引用者註）には時間がかかるだろうが、ドリルを使うことのできないような場所ではどこでも、それこそ穴をあけるのにもっと優れた方法であった」と指摘されている。たしかに、ディスインフォメーションを使えば、武力によることなく情報発信者の思惑が果たされるのである。ただし、ディスインフォメーションといっても、その質に違いがある。国家が政治的に有利になるように悪意をもって不正確な情報を広めて工作するような場合、すなわち、ソ連やロシアが積極的に行ってきたディスインフォメーションの場合、アンドロポフ元ソ連共産党書記長のつぎのようなたとえ話のほうが的を射ていると思う。「ディスンフォメーションはコカインのようなものだ。一度ないし二度、コカインを鼻から吸ってみてもそのことであなたの人生は変わらないだろうが、もしコカインを毎日使うとすれば、中毒者、つまり別人にさせることになるだろう」というのがそれである。

2　だまされないための覚悟

もちろん、私はすべてのマスメディアがディスインフォメーションを流していると批判するつもりはない。すでに指摘したように、本当はマスメディア関係者があまりに不勉強で、真実に近づこうと努力しないために、彼らが官僚や政治家、学者にだまされている面があるとにらんでいる。

だから、自分なりによく勉強することの重要さを強く言いたい。そこで、拙著『ウクライナ3.0』にも書いたことをここでもう一度紹介することにしたい。それは、第二次世界大戦後、「だまされていた」と嘆く日本国民を痛烈に批判した映画監督伊丹万作の話だ。

いま多くの人が、二〇一四年二月にウクライナで起きたクーデターにおいて、米国政府が果たした役割についてまったくふれようとしないマスメディアによってだまされている。「悪いのはロシア」という皮相な見方によって、ロシアや中国のような権威主義的な国との軍事衝突に備えるには、軍備増強しかないとして、これから日本はますます軍事国家に近づいていくことだろう。本当は、ネオコンと呼ばれるごく一部のユダヤ系米国人を中心とする人々ないしリベラルな覇権主義者が無理やり民主主義の輸出を繰り返し、世界中の国々を混乱に陥れてきたにもかかわらず、「ロシアが民主的でない」とか、「中国が民主主義を弾圧している」とか称して、戦争を起こし、それに日本も巻き込まれかねない。その結果、あとになって、ネオコンないしリベラルな覇権主義者にだまされていたとわかっても、もう遅いのだ。

伊丹万作著『戦争責任者の問題』

それでは、昔の日本人と同じことの繰り返しになってしまう。だからこそ、伊丹万作の書いた『戦争責任者の問題』という本に出てくる指摘は実に鋭い。耳が痛い話だが、若者はその言葉をしっかり受け止めて自分たちの将来をしっかりと切り拓いてほしいのだ。

第二次世界大戦で敗れた日本では、映画監督伊丹のいた映画界にあっても、戦争責任者を特定し、追放するといった議論がさかんに行われていたという。当時、「多くの人が、今度の戦争でだまされていたという」風潮が広がっていたのだが、伊丹はこうした当時の世相に対して、辛辣な批判をこの本のなかで書いている。

「そしてだまされるものの罪は、ただ単にだまされたという事実そのものの中にあるのではなく、あんなにも造作なくだまされるほど批判力を失い、思考力を失い、信念を失い、家畜的な盲従に自己の一切をゆだねるようになってしまっていた国民全体の文化的無気力、無自覚、無反省、無責任などが悪の本体なのである。

このことは、過去の日本が、外国の力なしには封建制度も鎖国制度も独力で打破することができなかった事実、個人の基本的人権さえも自力でつかみ得なかった事実とまったくその本質を等しくするものである。

そして、このことはまた、同時にあのような専横と圧政を支配者にゆるした国民の奴隷根性とも密接につながるものである。

それは少なくとも個人の尊厳の冒瀆、すなわち自我の放棄であり人間性への裏切りである。また、悪を憤る精神の欠如であり、道徳的無感覚である。ひいては国民大衆、すなわち被支配階級全体に対する不忠である。」

まだまだ足りない。伊丹はさらに厳しい批判を記している。

「「だまされていた」といって平気でいられる国民なら、おそらく今後も何度でもだまされるだろう。いや、現在でもすでに別のうそによってだまされ始めているにちがいないのである。

一度だまされたら、二度とだまされまいとする真剣な自己反省と努力がなければ人間が進歩するわけはない。この意味から戦犯者の追及ということもむろん重要であるが、それ以上に現在の日本に必要なことは、まず国民全体がだまされたということの意味を本当に理解し、だまされるような脆弱な自分というものを解剖し、分析し、徹底的に自己を改造する努力を始めることである。」

「批判力を失い、思考力を失い、信念を失い、家畜的な盲従に自己の一切をゆだねるようになってしまっていた国民全体の文化的無気力、無自覚、無反省、無責任などが悪の本体なのである」という彼の指摘は、現在の日本全体にもあてはまっているように、私には思われる。それゆえに、いまでもマスメディアの情報操作に惑わされて、ウクライナ戦争の本質に迫れないのではないか。

だからこそ、「だまされるような脆弱な自分というものを解剖し、分析し、徹底的に自己を改造する努力を始める」ことが二一世紀のいまもなお求められている、とつくづく思う。まずは、私はみなさんに、大澤真幸著『〈世界史〉の哲学』シリーズ、出口治明立命館アジア太平洋大学学長の著作や、上級編として、柄谷行人著『定本 柄谷行人集』（全五巻）を読むことをお勧めしておきたい。

3 ディスインフォメーションの実態

もっとも効果的なディスインフォメーション工作は「ネグる」ことかもしれない。報道する側にとって不都合な情報に目を瞑り、無視することで伝えないことにするものだ。二〇一四年二月の米国政府が煽動したウクライナでのクーデターについて、その実態をきちんと報道できないままネグりつづけてきた多くの日欧米のマスメディアは、ウクライナ戦争の背後に二〇一四年からつづく米国政府、もっと正確にいえば、ネオコンないしリベラルな覇権主義者によるウクライナにおける対ロ挑発があった事実を隠蔽しようとしていることになる。

ネグる行為は、少なくとも嘘を報道したことにはならないから、マスメディアにとっては実に都合のいい、情報操作（マニピュレーション）手段となっている。だが、みなさんにとっては、重要な情報に蓋をされたままの状態がつづくことになり、情報の受け手の判断を誤らせることになりかねない。

国連での支持を減らす欧米

ここで、日本政府を慮っているとしか思えない日本のマスメディアが総じて報道しない、国連での欧米諸国の不人気ぶりについて紹介してみよう。

ウクライナ戦争勃発直後の三月二日に行われた、ロシアに対して、「国際的に認められた国境内のウクライナの領土から、直ちに、完全かつ無条件に、すべての軍事力を撤退させる」ことを要求する国連総会決議は、総数一九三票のうち一四一の賛成票を得て、可決された。ベラルーシ、朝鮮民主主義人民共和国（北朝鮮）、エリトリア、ロシア、シリアの五カ国が反対票を投じ、三五カ国が棄権した。四月七日に行われた国連総会では、ロシアの職務を人権理事会（ＨＲＣ）から停止するよう求める決議が採択されたが、この決議は一七五票中、九三カ国が賛成、二四カ国が反対するという結果だった（棄権は五八）。

ところが、八月二四日に実施された「ロシアのウクライナへの本格的な侵攻から六カ月を迎えての共同声明」[1]に加わったのは五七カ国と欧州連合（EU）にすぎない。総数一九三からみると、三分の一に満たない国しか共同声明に賛同していないことになる。声明の最後に書かれている「本日、我々は改めて、ロシア連邦によるウクライナに対する敵対行為、民間人および民間インフラに向けられたすべての攻撃の即時停止、ならびにウクライナ領土からのロシア軍および軍事機器の完全、即時、無条件の撤退を要求するものである」という文言が過激だったのかもしれないが、米国が主導する正義なるものが決して世界の正義になっていないことを知ってほしいと思う。

個人レベルでも意見の相違

国レベルだけでなく、個人レベルでもウクライナ戦争に対する見方が大きく異なっていることも知らなければならない。投資家・慈善家ジョージ・ソロスにより設立されたオープン・ソサエティ財団が二〇二二年九月に発表した報告書[2]を紹介したい。七月二二日から八月一五日の間に世界二二カ国で、二万一四〇〇人以上（三分の二以上がアフリカ、アジア、ラテンアメリカ、中東在住）を対象にした世論調査が実施され、「ロシアが隣国のウクライナに対して、欧米よりも大きな影響力を持ちたいと考えるのは正当なことである」という命題に対して、イギリスの回答者の七八％がそう思わないと答え、五二％が「強く」そう思わないと答えた一方、南アフリカでは四九％、ナイジェリアでは五四％、インドでは五六％が「ロシアがキエフに大きな影響を与えたいと思うのは当然だ」という意見に同意した（ただし、これらの国ではそれぞれ一五％、一九％、五％が「強く」同意しなかった）。

そもそも、ロシアの侵攻が世界的にみてどの程度高い懸案事項であるのかの認識も国によって異なっている。報告書によれば、「日本では五〇％、ポーランドでは四五％、英国では三九％がウクライナをトップ3の課題として挙げている」。だが、ナイジェリアとインドでは二一％、コロンビア、エジプト、メキシコ、サウジアラビア、トルコでは二〇％以下にすぎない。注目されるのは、米国はウクライナを財政的にも軍事的にも強力に支援しているにもかかわらず、ウクライナを世界のトップ3の課題として挙げた回答者が二二％にすぎなかった点だ。

こうした大切な情報を知らせようとしないのがいまの日欧米のマスメディアなのだということも肝に銘じておいてほしい。

米国政府によるディスインフォメーション

ここで、米国政府によるディスインフォメーションについて紹介しておきたい。日本政府もそうだが、どこの国でも既存の権力者はディスインフォメーションを流すことで自らの権力を守ろうとするからだ。

二〇二二年八月、スタンフォード大学のインターネットを研究するためのインフラと人材を備えた研究室（Stanford Internet Observatory）は、ブランドらしさを定義しビジュアル化する会社グラフィカと共同で、フェイスブック（メタ）、インスタグラム、ツイッターから削除された大規模なアカウントのネットワークを分析し、最新のレポートとして発表した。[3] この分析のもとになったのは、二〇二二年七月と八月、ツイッターとメタがそれぞれのプラットフォームの利用規約に違反したとして、重複する二組のアカウントを削除したアカウントである。両プラットフォームは削除後、さらなる分析のために、前述の二つの機関にそれらの活動情報の一部が提供されたのである。

このレポートによると、これらのアカウントでは、ツイッター、フェイスブック、インスタグラム、その他五つのソーシャルメディア・プラットフォーム上のアカウントが相互に関連し、中東や中央アジアで親欧米の物語を広めるために不正な戦術を使用していたという。ツイッターとメタによって特定された情報源は、偽ペルソナを作成し、独立系メディアを装い、ミームや短編動画を活用し、ハッシュタグキャンペーンを試み、オンライン嘆願書を立ち上げるなどの方法で親米のための情報操作をしていたというのだ。ただ、「確認した投稿やツイートの大半は、「いいね」やリツイートの数がほんの一握りで、一〇〇〇人以上のフォロワーを持つアカウントは、私たちが確認した秘密資産のわずか一九%にすぎなかった」と記されている。

いずれにしても、米国政府が絡むとみられるディスインフォメーション工作が行われているのはたしかなのである。
だからこそ、だまされないように細心の努力が必要だと、私は強く思う。

「予防接種」の必要性

それではどうすればいいのか。その対策に関連して八月に興味深い研究結果が公表された。「心理的な予防接種がソーシャルメディア上のミスインフォメーション（誤報）に対するレジリエンス（適応力）を向上させる」というタイトルの論文である。[4]インターネットユーザーに嘘や陰謀論に対する心理的な「予防接種」を行い、誤報の背後にある戦術に関するビデオを事前に見せることで、その後、人々がより虚偽に懐疑的になることを発見したというのである。

まず、研究者らは、誤報によく使われる操作技術（①感情的に操作するレトリックを使って、怒りや激怒などの強い感情を呼び起こす、②支離滅裂または相互に排他的な議論を用いる、③誤った二分法またはジレンマを示す、④個人またはグループのスケープゴート、⑤同族攻撃に従事）から人々を予防する五つの短編ビデオを開発した。各ビデオは、まず誤報攻撃が迫っていることを予告し、つぎにその攻撃に使われた操作技術に対して先手を打って反論することなどを解説している。論文は、合計三万人近くが参加した七つの実験について詳述している。結果として、「過剰に感情的な言葉、支離滅裂な表現、誤った二項対立、スケープゴート、同族嫌悪など、ネット上の誤報でよく見られる操作技術に対して、技術ベースの予防接種ビデオが心理的抵抗力を与えることができるという強い証拠を提供することができた」という。

これまでも誤報対策として、ファクトチェッカーの利用、事実確認への注意喚起など、さまざまな方法が検討されてきた。ただ、（1）何をもって事実とするかは認識論的に難しく、とくに政治の世界では難しい、（2）事実確認は最初の誤報に接した人すべてに行き届くとは限らない、（3）事実確認を信じてもらうのは難しい――などの問題点があった。とくに、白人至上主義者のような極端な考えをもつ人々に虚偽に懐疑的になるよう促すのは困難だ。紹介した実験もこうした人々には効果がなかったという。

それでも、実験のような「予防接種」はある程度、ミスインフォメーション、そして、たぶんディスインフォメーションにも効果を発揮する。ただし、その効果は、数日から一カ月程度しか持続しないようだ。

他方で、すでに前述した、自分の好みに合わない、他者の意見にまったく耳を傾けない一方、同じ選好傾向の強い集団内で過激な意見に急進化するようになるという「集団分極化」がすでに広がっていることも気にかかる。

SNSは基本的にショートメッセージのやり取りが多く、結果主義的な思考にはぴったりかもしれない。逆に、非結果主義の「あーでもない」、「こうでもない」といろいろと思い悩む非結果主義の立場からのアプローチにはSNSは適していないと認めざるをえない。それでも、何か手を打たなければ、短絡的で結果しかみないような人々の考えや行動が世界中をとんでもない方向に導いてしまいかねない。

だからこそ、この本を書いたのである。同時に、「予防接種」の代わりとして、「リカレント教育」や「リスキリング」をここで強く勧めたい。

デジタルスキル

二〇二一年九月九日に開かれた経済同友会のオンラインセミナーで、サントリーホールディングスの新浪剛史社長が「四五歳定年制」を提言したことが話題になった。四五歳を定年であると「脅せば」、二〇代・三〇代の若者はもっと真剣に勉強するはずだというのが新浪社長の目論見であったようだが、テクノロジーの急速な変化を前提とすれば、その変化に追いつけない人物はいらないと企業が考えてもおかしくない。あるいは、社員の側がテクノロジーの変化に鈍感な企業から逃げ出すのは至極当然だろう。

本来であれば、こうしたデジタルスキルに劣った人々に対しては、教育を通じたスキルアップが必要なのだ。ところが、企業に余裕がなかったり、本人にやる気がなかったり、労働環境が劣悪すぎて学ぶ時間がなかったり、さまざまな理由から、こうした訓練の場が不足している。その結果、職場の雰囲気も停滞したままになる。とくに、日本の企業では、こうした閉塞感が広がっているのではないかと危惧される。

まずは、自身の愚かさに気づけ！

こうした状況への対処法には二つある。第一は、組織が率先して、「リスキリング」と呼ばれるスキルアップを制度化し、社内教育のようなかたちで全体としての向上をはかるという方法だ。第二は、自らのスキルアップのために会社や組織を去って、大学や大学院、あるいは専門学校のような場所で学び直す（リカレント教育）という方法だ。

この二つについて論じる前に必要なことは、自らの愚かさに気づくことである、と指摘しておきたい。

二〇二一年六月に刊行された「OECD Skills Outlook 2021」によると、成人技能調査（PIAAC）でインタビューを受ける前の一二カ月間に仕事に関連したフォーマルまたはノンフォーマルなトレーニングに参加した人の割合を国別にとってみると、平均して成人の五人に二人（四〇％）しか参加していない。「ギリシャ、イタリア、メキシコ、トルコでは成人学習に参加したことがあると回答した成人は二五％未満であるのに対し、デンマーク、フィンランド、ニュージーランド、ノルウェー、スウェーデンでは五五％を超えている」という。日本はOECD平均の約四〇％を下回っている。チリやスペイン並みにすぎない。

日本のこうした残念な結果の背景には、学びたい意欲はあっても、学びの場がないとか、学びへの理解が不足しているといった事情があるのかもしれない。そこで、「国別の研修への意欲と成人学習への参加を特徴づける学習者プロファイル」をみると、ノルウェーとオランダでは、二五歳から六五歳までの成人の三九％と三七％が成人学習に従事し、現在の参加レベルに満足している一方、ギリシャでは成人人口のわずか一〇％しかいない。

ＯＥＣＤ諸国のなかで、成人学習に参加していないがトレーニングを受ける意思がある成人の割合が最も大きいのは韓国（一八％）である。残念ながら、日本は韓国の半分にも達していない。つまり、自分の愚かさにも気づかないまま、のんべんだらりと生活するだけの成人が多いということではないだろうか。

いまでも終身雇用にしがみつこうとする人が多いとは思えないが、実際には、年功序列や終身雇用の残滓があり、それが学習意欲の減退につながっているのかもしれない。ただ、このＯＥＣＤ報告では、「COVID－19（新型コロナウイルス感染症）の危機により、デジタル、リモート、スマートな働き方が広く採用されるようになったことで、個人がデジタルスキルを習得する必要性が生じた」と的確に指摘している。そうであるならば、ますます「学び直し」の必要性に気づかなければならない。

世界のリスキリングへの動き

有名な世界経済フォーラムでは、二〇一八年から三年連続で「リスキル革命」と銘打ったセッションを行ってきた。二〇二〇年のフォーラムでは、「二〇三〇年までに一〇億人の人々に新たな機会を提供する」ためのリスキル革命が議題となった。こうした問題意識には、人工知能（ＡＩ）の進化などによる「第四次産業革命」によって、雇用市場において、「一億三三〇〇万の新しい役割が創出される一方で、これらの新技術によって七五〇〇万の仕事が奪われる可能性がある」という、二〇一八年の同フォーラムの予測がある。

リスキル革命はＡＩ化などのテクノロジーの発展を前提としている。そうした再教育に際しては、「将来最も急速に成長する職業に焦点を当てることがとくに重要になる」ことから、世界経済フォーラムでは、「ケア、エンジニアリングとクラウドコンピューティング、セールスマーケティングとコンテンツ、データとＡＩ、グリーンジョブ、人材と文化、専門的なプロジェクトマネージャー」という七つの専門分野で多くの雇用が増加するとみている。

遅れる日本のリカレント教育

他方で、いわゆる「リカレント教育」も注目される。これは、一生涯にわたって教育と就労のサイクルを繰り返す学習制度のことであり、自分の人生をより柔軟に過ごす方法として十分に考慮に値する。

ところが、日本の場合、このリカレント教育も進んでいない。働きながら通える大学院の数は増えたが、その教授陣はお粗末であり、時代に即応していない、というのが私の率直な印象だ。現実の社会の変化に学問の世界がまったく追いついていない。ゆえに、学びたい分野の授業そのものが存在しないのだ。

たとえば、スタンフォード大学には、大学院生向けの「バーチャル・ピープル」コースがあり、バーチャルリアリティ（VR）を使った授業が行われている。二〇二一年一一月の情報では、「夏学期に講師と学生がVR環境で共有した時間は六万分以上、秋学期には約一四万分と予測されている」[5]という。この授業では、大衆文化、工学、行動科学、コミュニケーションなどの分野でVRが拡大し、進化している役割を検証している。医療の現場でVRが実際に使われていることくらいは知られているだろうが、今後のVR展開を考えるには、こうした授業がきわめて有用であろう。VRの用途の拡充、今後のメタバースとの連携など、VRの将来性を考慮すると、こうした授業があれば、受講したいと思う人は多いはずだ。

だが、日本では、東京大学バーチャルリアリティ研究センターでほんのわずかな実践が行われている程度にすぎないのではないか。

地政学も学べない日本

私自身の体験でいえば、地政学を学び、投資リスク分析に結びつけようとしても、二〇年前の日本には地政学を教えられる人もいないし、ましてや授業も存在しなかった。いまでも、基本的な状況に変化はない。そもそも、陸・海・空という空間の延長線でサイバー空間を論じた私の「サイバー空間と国家主権」[6]という論文以前には、地政学上の観点からサイバー空間を真正面から論じた学術研究さえなかったと思われる。こうした状況だから、エネルギー安全保障、情報安全保障、人間の安全保障といった多方面から、地政学リスクを学ぼうとしても、教えられる人材がほとんどいないのではないか。

サイバー空間上では、情報操作を通じた覇権争奪が展開されている。ゆえに、地政学における情報問題はますます重要になっている。私は『現代地政学事典』で、「ディスインフォメーション」（意図的で不正確な情報）という言葉を担当しているが、残念ながら、SNSを通じたディスインフォメーションについて学ぼうとしても、日本にはそんな講座はないのではなかろうか。

リカレント教育の問題の最後に、菅義偉前首相とのパイプで話題となったデービッド・アトキンソン小西美術工芸社社長が適切な指摘[7]をしているので、それを紹介しておこう。

「とくに、大学は青年だけのものではなく、成人した人が何度も通学する時期があるように改革する必要があります。先日、オックスフォード大学に通っている学生のうち、すでに一回大学を卒業している再就学者の比率が五〇％を超えたと聞き、びっくりしました。

何度も繰り返し述べているように、日本は人口減少と高齢化が世界一進む国です。この大変な状況を乗り越えるには、日本は世界一の「社員教育大国」にならなくてはいけないのです。」

4　戦争にゆくのか

ディスインフォメーションにだまされているとどうなるのか。たぶん徴兵制の開始はすでに視野に入っている。日本国憲法を改正し、徴兵制を一挙に導入するまでには至らないだろうが、戦闘員の確保、つまり育成が国家的課題として議論されるようになるのはほぼ確実だろう。

ゆえに、みなさんは日本国のために戦争にゆくのだろうか、と問いたい気持ちになる。そんな差し迫った疑問をいだいたことはないかもしれない。残念ながら、みなさんは自分の意志とは無関係に戦争に行かされる可能性が少なからずある。みなさんの子孫ということになれば、その可能性はかぎりなく高くなるだろう。

徴兵制をめぐって

ヨーロッパは長く傭兵によって戦争を戦ってきた。近代国家による常備軍の創設後、国家が軍事に深く関与するのは当たり前のこととなるのである。一般に、銃に代表される火力の新しい利用、要塞の新タイプ、軍隊の規模の増大という三つの発展が近代ヨーロッパの戦争を変革したといわれている。軍の規模については、ルイ一四世の治世期の一七〇一～一三年に約六五万人が入隊したことが知られているが、自分の意志に反して徴兵された者はわずかで、大部分はフランス人であるか外国人であるかを問わず、志願兵であったという。強制的軍役の永続的な形態は一六〜一七世紀にかけてフィンランドやスウェーデンを統治したカール九世やグスタフ・アドルフの治世に導入されたようだ。

一七世紀の三十年戦争ころになると、傭兵が全盛となり、兵員を集める個人が一五〇〇人程度、ヨーロッパに存在し、四〇〇〇ほどの軍事企業のようなものがあったという。プロシアのフレデリック二世（一七四〇〜八六年）のころには、プロシアの軍隊の規模はヨーロッパで第四位ないし第五位にまで巨大化した。人口はヨーロッパ第一三位にすぎなかったから、人口一人あたりでみると、もっとも多数の軍隊をかかえる国になったことになる。興味深いのは若い男性のほぼ四分の一が軍に徴兵されていたことである。プロシアでは、徴兵制を活用した常備軍の整備が進み、その過程で国家による軍事への関与がより深まった。兵員向けの武器の提供はもちろん、食料や衣料品の提供など、国家は軍事関連のさまざまの分野にかかわるようになる。

ついでに指摘すれば、短期の兵役期間を前提とする徴兵制による国民軍という制度は、ナポレオンがイエナの戦闘で勝利した後、プロイセン軍を四万二〇〇〇人に制限したことの結果として、プロイセンが兵役期間を短縮、人員の回転を早くして兵士育成をはかったことに由来する。こうして短期間に兵役に就く者の循環が生じ、軍隊における規律が都市部や農村部にまで着実に伝播するようになったのだ。

だが、二一世紀になると、いわゆる電子兵器といった習熟度が必要な兵器が主流となり、熟練した兵士の必要から、義務的な徴兵制のコストが相対的に高まった。このため、徴兵制を廃止し、志願兵によるプロフェッショナルによる兵力向上がはかられるようになる。したがって、徴兵制そのものは時代錯誤になりつつある。しかし、東アジアにおける安全保障上のリスクの高まりが日本の徴兵制導入議論に導く可能性がないとはいえない状況にある。

「骨粗鬆症論」

若いみなさんに残念な話がある。いま日本政府は、日本国内での軍事力を確保するためにどうすべきかについてこっそりと検討している。自衛隊の問題点として指摘されているのは、最新鋭の兵器を導入するために、既存の兵器、弾薬などを十分に確保するといった基本が軽視され、いわば、「骨粗鬆症」のように、骨の内部はスカスカという状況にある点だ。そしてまた、慢性的兵員不足という状況もつづいている。

二〇二二年三月末で、自衛官の定員は二四万七一五四人だったが、現員は二三万七五四人で、充足率は九三・四％にすぎなかった。

こうした状況のなかで、安全保障費の急増や国防意識の高まりによって、自衛隊の抜本的強化という問題が浮上しかねなくなっている。いきなり、徴兵制導入議論になるとは思わないが、スカスカの自衛隊を根本的にテコ入れするには、特別の制度を設けるべきだとの声が高まってもおかしくない。

こう考えると、今後、みなさんのとる投票行動が一人一人の読者やその子孫の将来に多大なる影響をおよぼすことになるとみて間違いない。その意味で、くれぐれも情報にだまされることのないよう、改めて注意喚起しておきたい。

戦争は必ず起きる

私たちはだまされてきたし、いまもだまされつづけているかもしれない。ウクライナ戦争は第三次世界大戦の幕開けにすぎないかもしれない。本書で紹介したように、二〇一四年二月のウクライナでのクーデターを米国政府が支援していたにもかかわらず、その行為を批判し、糺すことができないまま、米国政府のまったく身勝手な外交戦略を放置してきた世界は、プーチンという「極悪人」の暴力に対して、そのウクライナ戦争勃発の遠因となった米国政府のいいなりになって「ロシアいじめ」をつづけている。

本当に問題なのは、ウクライナでのクーデターを引き起こした米国のネオコンないしリベラルな覇権主義者であるにもかかわらず、こうしたごく少数の「極悪人」についてはお咎めなしの状況にある。日本だけでなく、欧米諸国に生きる多くの人々がだまされているのだ。

私は、悪には種類があると思う。ファシズムは最悪かもしれない。スターリンによる大虐殺を招いたスターリニズムもひどい。進歩主義的リベラリストやリベラルな覇権主義者もまた悪人であろう。それとは別に、ニヒリズムという虚無主義も悪の一つだろう。いずれも悪だとして、これらの悪にどう序列をつけ、どう対処すべきかを考える必要がある。ロシアが悪で、ウクライナが善といった安直な発想では、ウクライナ側の悪が見落とされてしまう。だからこそ、だまされないようにしなければならないのだ。

すぐに、第三次世界大戦にならなくても、いまのウクライナ戦争が米国・NATOの代理戦争であるように、どこかの国で、今度は中国と米国の代理戦争が起きるかもしれない。いずれにしても、介入主義をつづけているネオコンないしリベラルな覇権主義者の悪を放置すれば、大きな戦争が今後起きるのは確実だろう。

だまされていることに気づいたとしても、戦争は止められないかもしれない。それでも、いまのだまされるだけの世界中の人々のなかで、もうすでにだまされているという事実に気づく人が増えれば、ちょっとだけましな選択肢が見えてくるかもしれない。そんな淡い期待から、本書を書いたのだ。

少なくとも本書を読んだみなさんはこのどうしようもないようにみえる世界のなかで、どう自分の人生を豊かに暮らすことができるのかを考えてほしい。私ができるのは、そうした人たちを心から励ますことくらいだから。

注

1 https://usun.usmission.gov/joint-statement-on-six-months-of-russias-full-scale-invasion-of-ukraine/

2 https://www.opensocietyfoundations.org/publications/fault-lines-global-perspectives-on-a-world-in-crisis

3 https://stacks.stanford.edu/file/druid:nj914nx9540/unheard-voice-tt.pdf

4 https://www.science.org/doi/10.1126/sciadv.abo6254

5 https://news.stanford.edu/2021/11/05/new-class-among-first-taught-entirely-virtual-reality/

6 https://src-h.slav.hokudai.ac.jp/publictn/JapanBorderReview/no5/pdf/02.pdf

7 https://toyokeizai.net/articles/-/273079

あとがき

「内にたぎるものを秘めて　青空をみていたい」

こんな言葉を詩人松永伍一さんからいただいて四〇年以上になる。だが、いま、いくら目を凝らしても、「青空」はなかなか見当たらない。希望を託せるような方向性が見出せないのだ。

ロシア、中国、北朝鮮のような権威主義的な国では、国家による露骨な情報統制によって、そもそも「青空」を隠すことができる。一方、私の知るソ連時代には、一部の人々は官製の新聞やテレビの情報を無視し、ＢＢＣの情報を信じることで「青空」を垣間みようとしていた。

これに対して、民主主義を標榜する米国、欧州諸国、日本のような国に暮らす多くの人々は、自分たちが自由を謳歌し、「青空」のもとで幸福な生活を営んでいると誤解している。情報発信者や媒介者への揺るぎない信頼という幻想がそれを支えている。

発信者や媒介者の結託によって、権力者が自らの権力を守り拡大するために情報を操作しているいることに、すなわち、「青空」にみえるものが本当は「色メガネ」によって着色された偽物であることになかなか気づかない。他方、ＳＮＳは集団分極化を招くだけで、真っ当な議論を結局、覆い隠してしまう。経営悪化で矜持さえ失いかけているテレビや新聞であっても、その忖度まみれの情報がいまでも影響力をもち、権力者を喜ばせる結果につながっている。

私は、自分が愚かであることを知ってはじめて勉強しなければならないと強く思った。自分がだまされているとわかったからこそ、だまされないようにするために自分自身を鍛え直さなければならないと悟った。自由の大切さは自分が不自由であると気づかなければわからない。だが、だまされていたという事実は、何かとてつもなくひどい出来事、戦争のようなものが起きないかぎり、なかなか実感できない。だまされていたと知ったときには、もう後の祭りなのだ。

だまされないようにするためには、一人の人間として、「だまされるような脆弱な自分というものを解剖し、分析し、徹底的に自己を改造する努力を始める」しかあるまい。情報リテラシーを育むのである。本書は、そうした人々を励ますために書かれた。それでは、「青空」の一端を垣間みることくらいしかできないかもしれないが、「内にたぎるもの」があれば、薄明りくらいは感じ取れるようになるのではないか。そう願っている。あとは、読者一人ひとりの努力に期待するしかない。

最後に、編集に際して、新しい情報を盛り込むために大幅修正につき合っていただいた花伝社の家入祐輔さんに深謝したい。

二〇二三年二月二六日

塩原　俊彦

塩原俊彦（しおばら・としひこ）
1956年生まれ。評論家。一橋大学大学院経済学研究科修士課程修了。学術博士。朝日新聞モスクワ特派員、高知大学准教授を経て今に至る。著書に、『ロシアの軍需産業』『「軍事大国」ロシアの虚実』（岩波書店）、『パイプラインの政治経済学』（法政大学出版局）、『ウクライナ・ゲート』『プーチン3.0』『ウクライナ3.0』『復讐としてのウクライナ戦争』（社会評論社）など多数。

カバー写真：© SPUTNIK/時事通信フォト

ウクライナ戦争をどうみるか
――「情報リテラシー」の視点から読み解くロシア・ウクライナの実態

2023年4月5日　初版第1刷発行

著者 ――― 塩原俊彦
発行者 ―― 平田　勝
発行 ――― 花伝社
発売 ――― 共栄書房
〒101-0065　東京都千代田区西神田2-5-11出版輸送ビル2F
電話　03-3263-3813
FAX　03-3239-8272
E-mail　info@kadensha.net
URL　https://www.kadensha.net
振替 ――― 00140-6-59661
装幀 ――― 佐々木正見
印刷・製本― 中央精版印刷株式会社

ISBN978-4-7634-2057-2 C0036